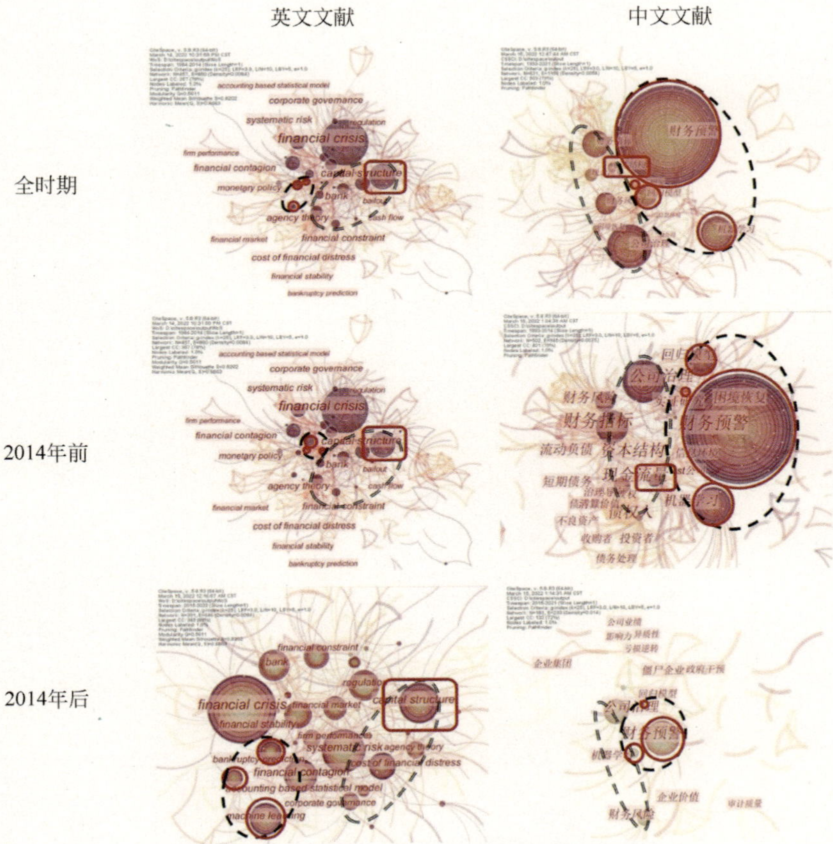

图 2-1　英文与中文财务危机研究的关键词图谱

数据来源：ScienceDirect 和中国知网数据库，经作者整理。

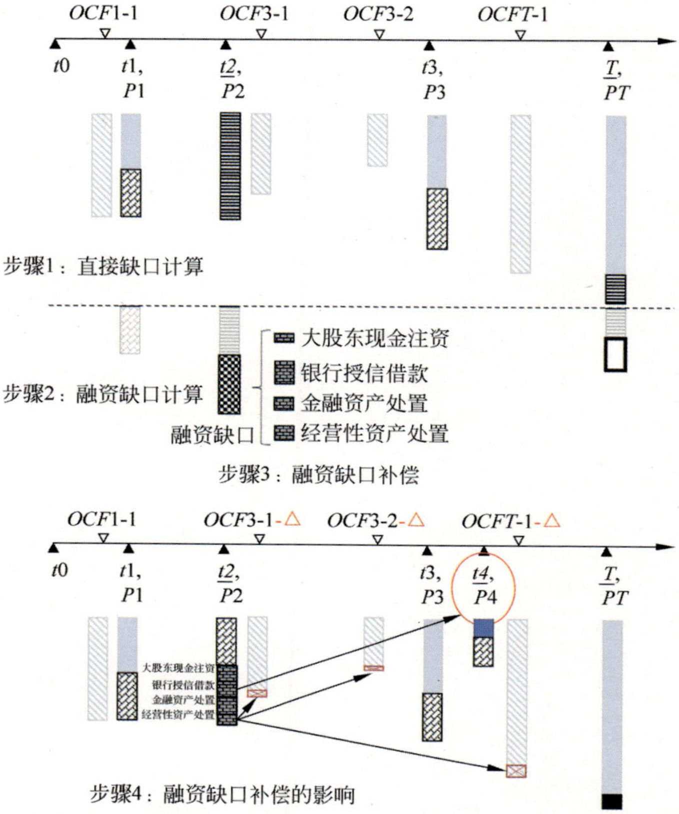

图 4-6　现金流预警模型第三步：融资缺口的产生、补偿及影响示意图

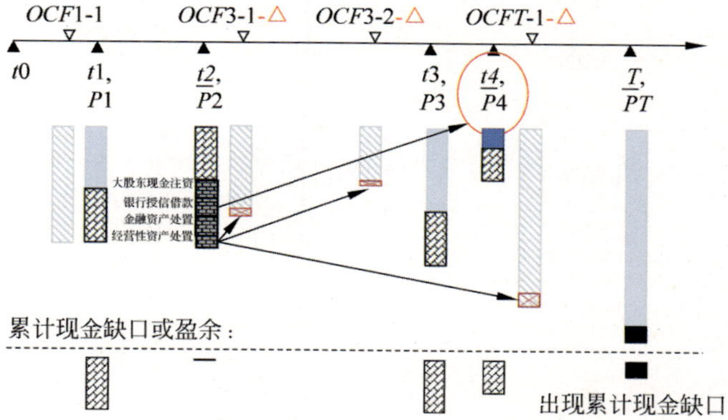

图 4-7　现金流预警模型第四步：累计现金缺口或盈余的测算

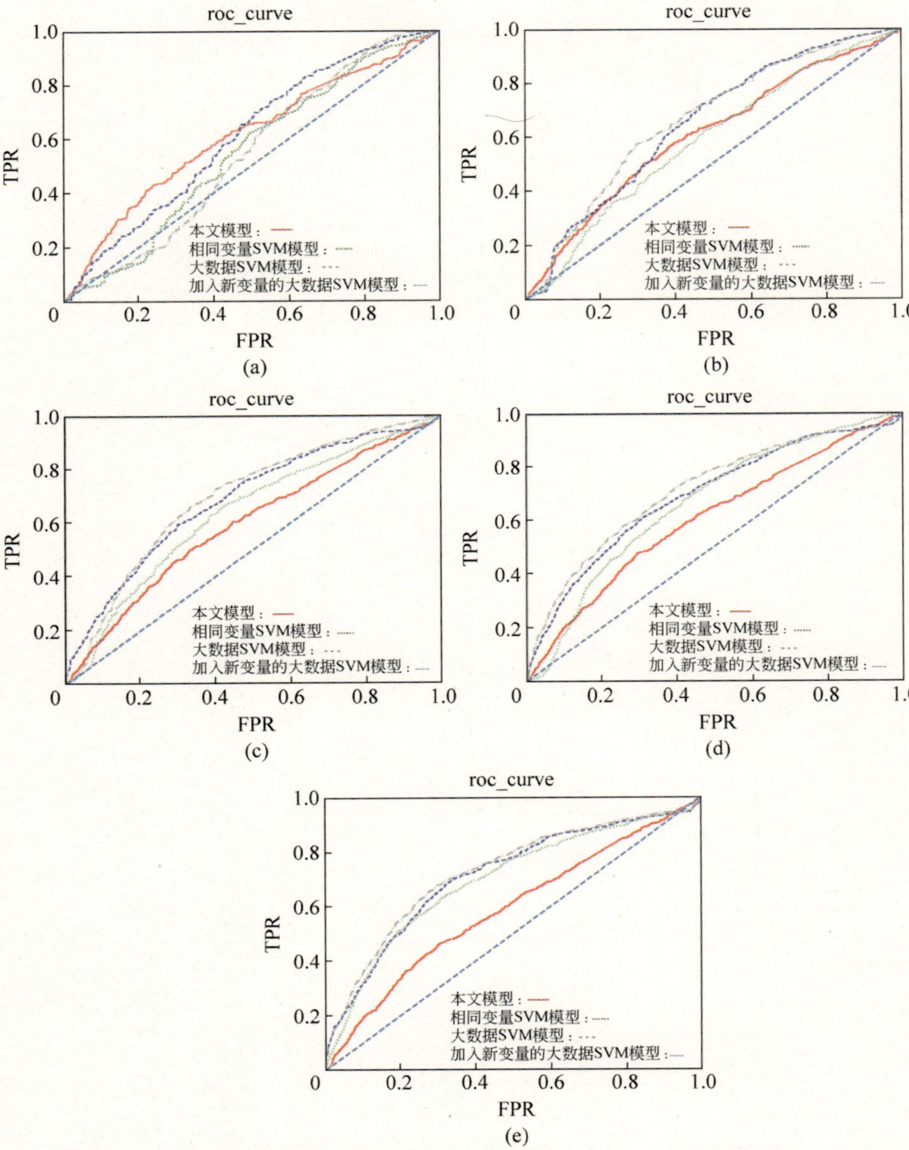

图 5-2　严格财务危机定义下调整后 DCFB 模型与对比模型的预警 ROC 曲线

（a）未来一年的危机预警模型效率；（b）未来两年的危机预警模型效率；
（c）未来三年的危机预警模型效率；（d）未来四年的危机预警模型效率；
（e）未来五年的危机预警模型效率

清华大学优秀博士学位论文丛书

基于确定性现金流的财务危机预警模型

谭智佳（Tan Zhijia）著

Forecasting Financial Distress: A Deterministic-Cash-Flow-Based Model

清華大学出版社
北 京

内容简介

企业财务危机风险的评估与预警具有重要理论与实践研究意义。本书结合财务危机企业和转危为安企业的多案例对比研究，抓取出企业财务危机过程中的关键变化，通过企业三类活动产生的确定性现金流覆盖刚性兑付水平来刻画企业的现金流特征，并基于公司金融投资价值原理来评估企业的财务危机风险。本书基于确定性现金流构建的企业财务危机预警模型，在保障预警效率的前提下，显著提升了财务危机预警结果的内涵与实践指导意义。

图书在版编目(CIP)数据

基于确定性现金流的财务危机预警模型/谭智佳著. —北京：清华大学出版社，2024.2

(清华大学优秀博士学位论文丛书)

ISBN 978-7-302-65536-7

Ⅰ. ①基… Ⅱ. ①谭… Ⅲ. ①企业管理—财务管理—风险管理—研究 Ⅳ. ①F275

中国国家版本馆 CIP 数据核字(2024)第 044971 号

责任编辑：张维嘉
封面设计：傅瑞学
责任校对：薄军霞
责任印制：曹婉颖

出版发行：清华大学出版社
网　　址：https://www.tup.com.cn，https://www.wqxuetang.com
地　　址：北京清华大学学研大厦 A 座　　**邮　　编**：100084
社 总 机：010-83470000　　**邮　　购**：010-62786544
投稿与读者服务：010-62776969，c-service@tup.tsinghua.edu.cn
质量反馈：010-62772015，zhiliang@tup.tsinghua.edu.cn
印 装 者：三河市东方印刷有限公司
经　　销：全国新华书店
开　　本：155mm×235mm　　**印　　张**：11.5　　**插　　页**：2　　**字　　数**：195 千字
版　　次：2024 年 2 月第 1 版　　**印　　次**：2024 年 2 月第1 次印刷
定　　价：79.00 元

产品编号：101833-01

一流博士生教育
体现一流大学人才培养的高度（代丛书序）[①]

人才培养是大学的根本任务。只有培养出一流人才的高校，才能够成为世界一流大学。本科教育是培养一流人才最重要的基础，是一流大学的底色，体现了学校的传统和特色。博士生教育是学历教育的最高层次，体现出一所大学人才培养的高度，代表着一个国家的人才培养水平。清华大学正在全面推进综合改革，深化教育教学改革，探索建立完善的博士生选拔培养机制，不断提升博士生培养质量。

学术精神的培养是博士生教育的根本

学术精神是大学精神的重要组成部分，是学者与学术群体在学术活动中坚守的价值准则。大学对学术精神的追求，反映了一所大学对学术的重视、对真理的热爱和对功利性目标的摒弃。博士生教育要培养有志于追求学术的人，其根本在于学术精神的培养。

无论古今中外，博士这一称号都和学问、学术紧密联系在一起，和知识探索密切相关。我国的博士一词起源于2000多年前的战国时期，是一种学官名。博士任职者负责保管文献档案、编撰著述，须知识渊博并负有传授学问的职责。东汉学者应劭在《汉官仪》中写道："博者，通博古今；士者，辩于然否。"后来，人们逐渐把精通某种职业的专门人才称为博士。博士作为一种学位，最早产生于12世纪，最初它是加入教师行会的一种资格证书。19世纪初，德国柏林大学成立，其哲学院取代了以往神学院在大学中的地位，在大学发展的历史上首次产生了由哲学院授予的哲学博士学位，并赋予了哲学博士深层次的教育内涵，即推崇学术自由、创造新知识。哲学博士的设立标志着现代博士生教育的开端，博士则被定义为独立从事学术研究、具备创造新知识能力的人，是学术精神的传承者和光大者。

---

① 本文首发于《光明日报》，2017年12月5日。

博士生学习期间是培养学术精神最重要的阶段。博士生需要接受严谨的学术训练，开展深入的学术研究，并通过发表学术论文、参与学术活动及博士论文答辩等环节，证明自身的学术能力。更重要的是，博士生要培养学术志趣，把对学术的热爱融入生命之中，把捍卫真理作为毕生的追求。博士生更要学会如何面对干扰和诱惑，远离功利，保持安静、从容的心态。学术精神，特别是其中所蕴含的科学理性精神、学术奉献精神，不仅对博士生未来的学术事业至关重要，对博士生一生的发展都大有裨益。

独创性和批判性思维是博士生最重要的素质

博士生需要具备很多素质，包括逻辑推理、言语表达、沟通协作等，但是最重要的素质是独创性和批判性思维。

学术重视传承，但更看重突破和创新。博士生作为学术事业的后备力量，要立志于追求独创性。独创意味着独立和创造，没有独立精神，往往很难产生创造性的成果。1929年6月3日，在清华大学国学院导师王国维逝世二周年之际，国学院师生为纪念这位杰出的学者，募款修造“海宁王静安先生纪念碑”，同为国学院导师的陈寅恪先生撰写了碑铭，其中写道：“先生之著述，或有时而不章；先生之学说，或有时而可商；惟此独立之精神，自由之思想，历千万祀，与天壤而同久，共三光而永光。”这是对于一位学者的极高评价。中国著名的史学家、文学家司马迁所讲的“究天人之际，通古今之变，成一家之言”也是强调要在古今贯通中形成自己独立的见解，并努力达到新的高度。博士生应该以“独立之精神、自由之思想”来要求自己，不断创造新的学术成果。

诺贝尔物理学奖获得者杨振宁先生曾在20世纪80年代初对到访纽约州立大学石溪分校的90多名中国学生、学者提出：“独创性是科学工作者最重要的素质。”杨先生主张做研究的人一定要有独创的精神、独到的见解和独立研究的能力。在科技如此发达的今天，学术上的独创性变得越来越难，也愈加珍贵和重要。博士生要树立敢为天下先的志向，在独创性上下功夫，勇于挑战最前沿的科学问题。

批判性思维是一种遵循逻辑规则、不断质疑和反省的思维方式，具有批判性思维的人勇于挑战自己，敢于挑战权威。批判性思维的缺乏往往被认为是中国学生特有的弱项，也是我们在博士生培养方面存在的一个普遍问题。2001年，美国卡内基基金会开展了一项“卡内基博士生教育创新计划”，针对博士生教育进行调研，并发布了研究报告。该报告指出：在美国和欧洲,培养学生保持批判而质疑的眼光看待自己、同行和导师的观点同样非常不容易,批判性思维的培养必须成为博士生培养项目的组成部分。

对于博士生而言,批判性思维的养成要从如何面对权威开始。为了鼓励学生质疑学术权威、挑战现有学术范式,培养学生的挑战精神和创新能力,清华大学在2013年发起“巅峰对话”,由学生自主邀请各学科领域具有国际影响力的学术大师与清华学生同台对话。该活动迄今已经举办了21期,先后邀请17位诺贝尔奖、3位图灵奖、1位菲尔兹奖获得者参与对话。诺贝尔化学奖得主巴里·夏普莱斯(Barry Sharpless)在2013年11月来清华参加“巅峰对话”时,对于清华学生的质疑精神印象深刻。他在接受媒体采访时谈道:“清华的学生无所畏惧,请原谅我的措辞,但他们真的很有胆量。”这是我听到的对清华学生的最高评价,博士生就应该具备这样的勇气和能力。培养批判性思维更难的一层是要有勇气不断否定自己,有一种不断超越自己的精神。爱因斯坦说:“在真理的认识方面,任何以权威自居的人,必将在上帝的嬉笑中垮台。”这句名言应该成为每一位从事学术研究的博士生的箴言。

提高博士生培养质量有赖于构建全方位的博士生教育体系

一流的博士生教育要有一流的教育理念,需要构建全方位的教育体系,把教育理念落实到博士生培养的各个环节中。

在博士生选拔方面,不能简单按考分录取,而是要侧重评价学术志趣和创新潜力。知识结构固然重要,但学术志趣和创新潜力更关键,考分不能完全反映学生的学术潜质。清华大学在经过多年试点探索的基础上,于2016年开始全面实行博士生招生“申请-审核”制,从原来的按照考试分数招收博士生,转变为按科研创新能力、专业学术潜质招收,并给予院系、学科、导师更大的自主权。《清华大学“申请-审核”制实施办法》明晰了导师和院系在考核、遴选和推荐上的权力和职责,同时确定了规范的流程及监管要求。

在博士生指导教师资格确认方面,不能论资排辈,要更看重教师的学术活力及研究工作的前沿性。博士生教育质量的提升关键在于教师,要让更多、更优秀的教师参与到博士生教育中来。清华大学从2009年开始探索将博士生导师评定权下放到各学位评定分委员会,允许评聘一部分优秀副教授担任博士生导师。近年来,学校在推进教师人事制度改革过程中,明确教研系列助理教授可以独立指导博士生,让富有创造活力的青年教师指导优秀的青年学生,师生相互促进、共同成长。

在促进博士生交流方面，要努力突破学科领域的界限，注重搭建跨学科的平台。跨学科交流是激发博士生学术创造力的重要途径，博士生要努力提升在交叉学科领域开展科研工作的能力。清华大学于2014年创办了"微沙龙"平台，同学们可以通过微信平台随时发布学术话题，寻觅学术伙伴。3年来，博士生参与和发起"微沙龙"12000多场，参与博士生达38000多人次。"微沙龙"促进了不同学科学生之间的思想碰撞，激发了同学们的学术志趣。清华于2002年创办了博士生论坛，论坛由同学自己组织，师生共同参与。博士生论坛持续举办了500期，开展了18000多场学术报告，切实起到了师生互动、教学相长、学科交融、促进交流的作用。学校积极资助博士生到世界一流大学开展交流与合作研究，超过60%的博士生有海外访学经历。清华于2011年设立了发展中国家博士生项目，鼓励学生到发展中国家亲身体验和调研，在全球化背景下研究发展中国家的各类问题。

在博士学位评定方面，权力要进一步下放，学术判断应该由各领域的学者来负责。院系二级学术单位应该在评定博士论文水平上拥有更多的权力，也应担负更多的责任。清华大学从2015年开始把学位论文的评审职责授权给各学位评定分委员会，学位论文质量和学位评审过程主要由各学位分委员会进行把关，校学位委员会负责学位管理整体工作，负责制度建设和争议事项处理。

全面提高人才培养能力是建设世界一流大学的核心。博士生培养质量的提升是大学办学质量提升的重要标志。我们要高度重视、充分发挥博士生教育的战略性、引领性作用，面向世界、勇于进取，树立自信、保持特色，不断推动一流大学的人才培养迈向新的高度。

清华大学校长
2017年12月

丛书序二

以学术型人才培养为主的博士生教育，肩负着培养具有国际竞争力的高层次学术创新人才的重任，是国家发展战略的重要组成部分，是清华大学人才培养的重中之重。

作为首批设立研究生院的高校，清华大学自20世纪80年代初开始，立足国家和社会需要，结合校内实际情况，不断推动博士生教育改革。为了提供适宜博士生成长的学术环境，我校一方面不断地营造浓厚的学术氛围，另一方面大力推动培养模式创新探索。我校从多年前就已开始运行一系列博士生培养专项基金和特色项目，激励博士生潜心学术、锐意创新，拓宽博士生的国际视野，倡导跨学科研究与交流，不断提升博士生培养质量。

博士生是最具创造力的学术研究新生力量，思维活跃，求真求实。他们在导师的指导下进入本领域研究前沿，汲取本领域最新的研究成果，拓宽人类的认知边界，不断取得创新性成果。这套优秀博士学位论文丛书，不仅是我校博士生研究工作前沿成果的体现，也是我校博士生学术精神传承和光大的体现。

这套丛书的每一篇论文均来自学校新近每年评选的校级优秀博士学位论文。为了鼓励创新，激励优秀的博士生脱颖而出，同时激励导师悉心指导，我校评选校级优秀博士学位论文已有20多年。评选出的优秀博士学位论文代表了我校各学科最优秀的博士学位论文的水平。为了传播优秀的博士学位论文成果，更好地推动学术交流与学科建设，促进博士生未来发展和成长，清华大学研究生院与清华大学出版社合作出版这些优秀的博士学位论文。

感谢清华大学出版社，悉心地为每位作者提供专业、细致的写作和出版指导，使这些博士论文以专著方式呈现在读者面前，促进了这些最新的优秀研究成果的快速广泛传播。相信本套丛书的出版可以为国内外各相关领域或交叉领域的在读研究生和科研人员提供有益的参考，为相关学科领域的发展和优秀科研成果的转化起到积极的推动作用。

感谢丛书作者的导师们。这些优秀的博士学位论文，从选题、研究到成文，离不开导师的精心指导。我校优秀的师生导学传统，成就了一项项优秀的研究成果，成就了一大批青年学者，也成就了清华的学术研究。感谢导师们为每篇论文精心撰写序言，帮助读者更好地理解论文。

感谢丛书的作者们。他们优秀的学术成果，连同鲜活的思想、创新的精神、严谨的学风，都为致力于学术研究的后来者树立了榜样。他们本着精益求精的精神，对论文进行了细致的修改完善，使之在具备科学性、前沿性的同时，更具系统性和可读性。

这套丛书涵盖清华众多学科，从论文的选题能够感受到作者们积极参与国家重大战略、社会发展问题、新兴产业创新等的研究热情，能够感受到作者们的国际视野和人文情怀。相信这些年轻作者们勇于承担学术创新重任的社会责任感能够感染和带动越来越多的博士生，将论文书写在祖国的大地上。

祝愿丛书的作者们、读者们和所有从事学术研究的同行们在未来的道路上坚持梦想，百折不挠！在服务国家、奉献社会和造福人类的事业中不断创新，做新时代的引领者。

相信每一位读者在阅读这一本本学术著作的时候，在汲取学术创新成果、享受学术之美的同时，能够将其中所蕴含的科学理性精神和学术奉献精神传播和发扬出去。

清华大学研究生院院长

2018年1月5日

导师序言

2020年诺贝尔经济学奖得主罗伯特·威尔逊(Robert B. Wilson)认为:"理论家最重要的研究课题必定来自市场参与者遇到的问题。如果想帮助市场参与者获得更好的解决方案,就必须了解他们关切的问题,只有深入分析案例才能发现抽象理论无法识别和预测的关键特征。"我认为,这段话更适合商学院的研究。

谭智佳的博士学位论文反映了我的团队20多年来的研究思想和研究风格。我们在公司金融和商业模式领域一直以业界关注的问题为研究题材,强调培养学生的案例研究能力,特别是博士生,鼓励他们多从极端案例中发现新的因素、揭示新的机制,推翻直觉,厘清困惑,创建方法。

谭智佳在本科学位论文写作阶段就开始调研案例,分析了海尔租赁公司的蛋品产业金融解决方案案例,后来还参与了小米智能硬件生态链、蚂蚁金服、网商银行、新希望、飞鹤乳业等一系列公司金融和商业模式领域的案例调研,对现实的公司金融和商业模式现象具备了视角独特的深度解构能力。

资本结构研究演进了60多年,提出了若干理论假说,产出了汗牛充栋的大样本实证论文,但尚未说清楚"企业究竟应该负多少债"的问题,没有提出度量企业负债能力的模型方法,已有的理论假说对企业如何科学地进行负债规模和期限决策缺乏指导意义。

谭智佳的博士学位论文就是希望解决困扰企业的负债规模决策问题。不同于学界、业界已有的利用多变量统计回归对企业财务危机进行相对风险排序预警的方法,她基于投资价值原理,提出一种通过度量企业确定性的资本现金流来评估企业财务危机风险的绝对财务风险评估模型。她从三组极端案例出发,抓取出企业财务危机过程中的关键共性核心变化,聚焦于企业的三类确定性资本现金流入能否覆盖企业偿债义务问题,为后续建模和实证奠定了基础。

本项研究的学术价值有三点:(1)构建了一个企业绝对财务风险评估

方法和分析框架，有助于对企业财务危机成因、过程和程度进行描述和分析；(2)提出了一个依据企业确定性现金流分类的维度，可以完善和支持企业的资本结构决策；(3)提供了基于确定性现金流的企业财务特征描述变量，可以更好地解释企业财务危机和财务风险。

本项研究在实践方面也有如下三点价值：(1)书中的模型及其产生的新变量显著提升了已有财务危机预警模型的预警效率；(2)财务危机风险分析框架有助于企业管理财务风险和投资人治理企业财务危机；(3)有助于支持监管部门完善债务融资企业的信息披露要求。

谭智佳的博士学位论文获评2022年清华大学优秀博士学位论文荣誉。该研究是基于现金流指导企业资本结构设计和决策的开端，仍有一定的局限性。后续还有不少具体问题有待深入研究，最终构建出回答“企业究竟应该负多少债”的科学方法。

朱武祥

清华大学经济管理学院金融系教授

摘　要

我国经济进入新常态、增长放缓以来，企业信用违约、财务危机事件增多。理解和评估企业财务危机风险并有效预警具有重要的理论和现实意义。然而，一些财务危机预警模型存在滞后性，对企业和投资人预警财务危机、调整扩张战略、管理财务风险的意义有限，甚至促使金融机构进一步加剧实体企业经营投资波动。企业应当回归财务危机的金融原理，从企业财务危机过程中的现金流变化特征出发，构建基于确定性现金流的财务危机预警模型。

本书从危机企业和转危为安企业的多案例对比研究出发，从财务危机过程角度，抓取出企业财务危机过程中的关键变化。作者发现，危机企业的共性关键变化是企业现金流特征，主要是三类活动产生的确定性现金流覆盖刚性兑付水平的变化。企业的三类确定性现金流是指确定性经营活动现金净流入、资产处置现金流入和再融资现金流入。

接着，考虑"首次效应"，作者构建了一个基于确定性现金流的财务危机预警模型(DCFB 模型)。本书先以一新能源公司为例，从企业内部视角详细阐释了信息完备情况下运用 DCFB 模型的具体步骤，再考虑信息不完备问题，利用公开数据对完备的 DCFB 模型中需要但缺失的变量进行估计、近似，构建了信息不完备的 DCFB 模型。作者利用中国上市公司 2013 至 2020 年的数据，测试 DCFB 模型预警效率。实证发现，DCFB 模型预警效率通常高于主流统计回归模型，弱于 SVM 机器学习预警模型，新增的现金流变量可以显著提升主流预警模型的预警效率。此外，DCFB 模型在稳定性、标准化、辅助财务危机治理上有边际贡献。

作者进一步讨论 DCFB 模型效率的重要限制因素，即信息缺失问题。在 DCFB 模型中加入信息参数能显著提高模型的预警效率，远超主流统计回归模型，甚至优于 SVM 机器学习预警模型。这说明信息缺失和偏差问题是限制 DCFB 模型预警效率的重要原因。接着，作者基于估计出的信息参数，对关键科目的信息偏差程度进行了讨论，并对现行财会准则和信息披露政策提出政策建议。

本书基于确定性对现金流分类，首次从确定性现金流的角度提出了一个绝对而非相对的财务危机预警方法，构建出一个能动态反映多主体行为、博弈、交互的财务风险分析框架，有助于金融机构风险评估技术创新，有助于企业风险管理、财务危机治理，有助于金融体系更好地助力实体经济发展。

关键词：财务危机；财务危机预警；DCFB模型；确定性现金流；资本结构

Abstract

Since the economic growth of China entered the new normal era, there have been increasing incidents of corporate credit default and financial distress. It is of great theoretical and practical significance to understand, evaluate and forecast the corporate financial distress. However, some financial distress prediction models have a lag problem, which reduces the efficiency of forecasting the financial distress, adjusting the expansion strategy and managing risks. Even worse, the lag problem might result in a more serious micro-level financial accelerator effect in the operation of real corporates. We should return to the financial theory of corporate financial distress, and build a financial distress prediction model based on corporate deterministic cash flow.

In this book, from the perspective of financial distress process, the key changes in the process of corporate financial distress are captured from the comparative analysis of a multiple case study of distressed and safe enterprises. The author finds that the common key change of the financial distress is the firm cash flow, especially the change of the coverage of rigid payment covered by the deterministic cash flow generated by three types of corporate activities. The three types of deterministic cash flow of enterprises refer to the net cash flow from stable operating activities, the cash inflow from investing activities and the cash inflow from financing activities.

The book further considers the "first time effect" and constructs a financial distress prediction model based on deterministic cash flow. Taking a renewable energy company as an example, this book explains in detail the specific steps of the deterministic-cash-flow-based financial distress prediction model (the DCFB model). The book then applies the existing data to estimate and approximate the missing variables in the complete DCFB model, and constructs a DCFB model under incomplete information. The author uses the data of Chinese listed companies from 2013 to 2020 to test the prediction efficiency of the DCFB model. The empirical results show that the prediction efficiency of the DCFB model is usually higher than that of the commonly used statistical regression models, but weaker than that of the SVM machine learning model. Meanwhile, the added cash flow variables can significantly improve the prediction efficiency of the common models. In addition, the DCFB model has a marginal contribution to the stability, standardization of the prediction results and to the financial distress management.

The author further discusses the information problem, which is an important factor limiting the efficiency of the DCFB model. Adding information parameters to the model can significantly improve the prediction efficiency of the DCFB model, which is far superior to the common statistical regression models and generally superior to the SVM machine learning model. This indicates that the information loss and bias problem is an important reason that limits the prediction efficiency of the DCFB model. Then, based on the estimated information parameters, the author discusses the degree of information loss and bias problem of the key subjects, and puts forward policy suggestions given the current accounting rules and information disclosure policies.

Classifying the corporate cash flow based on its certainty characteristic, the book for the first time puts forward an absolute financial distress prediction model, and builds an analysis framework that can dynamically reflect the behavior, the game and the interaction among multiple agents. The framework can help the financial institutions with their risk assessment technology innovation, as well as help the enterprises with their risk management and financial distress management. The book will also contribute to the financial system to better support the development of the real economy.

Key Words: Financial Distress; Distress Forecasting; DCFB Model; Deterministic Cash Flow; Capital Structure

目　录

第1章 引　　言

新冠疫情在引发去杠杆、中美经贸摩擦、民营企业债务违约潮、基建投资下滑、股市大跌、资本市场预期混乱后(刘莉亚等,2019),又给中国经济带来重大冲击。我国企业在疫情后分别有五成、三成面临高达20%、50%的营收下滑,85.8%的企业持有现金不足以维持3个月存续(朱武祥等,2020)。为了防范化解重大风险,一方面需要控制疫情恢复生产销售,另一方面,如何有效地评估企业的财务危机风险,并帮助陷入流动性困境但具备恢复正常经营能力的企业获得救济融资、避免银行“挤兑”导致大面积企业破产,危及社会经济发展和就业稳定,成为重要的研究课题。

我国一般工商企业有息金融负债主要包括银行贷款、公开发行债券、私募债券。银行贷款、私募债违约信息非公开,公募债违约成了企业违约状况的缩影。2014年的“11超日债”违约后,2016年的“过剩产能违约潮”在2017年监管部门出台多项风控政策后有所缓解,但在强势的金融业去杠杆调控下,2018年、2019年出现民营上市公司“违约潮”,2020年下半年又出现首例城投债违约和“国企违约潮”,如图1-1所示。虽然新冠疫情后,在国家宽松的货币政策下,2021年企业公募债违约率有所缓解,不过非公开的银行贷款逾期或违约诉讼、信托产品违约诉讼、融资租赁违约诉讼、私募债违约诉讼、企业财务危机破产重组的案例仍在增多(肖毅等,2020)。

随着国家货币政策逐步恢复正常、信用收缩、债务集中到期,企业债务违约问题可能变得常态化。应当提高金融体系财务危机风险评估和治理能力,防范化解个体企业财务危机演化为系统性金融风险。

在外部经济冲击、政策调控、行业波动等情况下,有企业违约是正常现象,需要避免的是风险评估、财务危机治理机制不健全导致的无谓损失和风险传染、连锁反应。建立“早识别、早预警、早发现、早处置的风险防控工作体系”(发改委2020年11月17日新闻发布会)是关键手段,这在很大程度上依赖于有效的微观信用风险管理、财务危机风险预警机制。能够提前预警企业财务危机的模型,在实业方面可以引导企业进行财务规划、风险管理

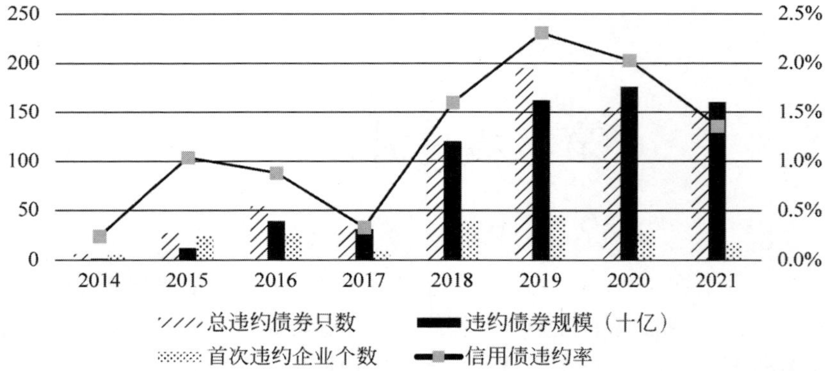

图 1-1 2014—2021 年信用债违约情况变化

数据来源：WIND 数据库、中债信息中心，经作者整理。

并提前应对潜在缺口和流动性困境；在金融机构方面可以避免债务融资助长企业激进扩张，避免机构投资人挤兑引起企业风险传染、资产抛售的无谓损失；在政策制定方面有助于防范化解金融风险(《防范化解重大风险战略解读》)，健全多渠道违约处置机制(央行 2021 年工作会议)，提升金融资源配置效率和资本市场的信用环境。

1.1 典型现象一：财务危机预警的滞后性

20 世纪 30 年代以来，企业财务危机风险评估、财务危机预警研究已有很多成果。自 1968 年 Altman 提出 Z 值模型以来，财务危机预警研究已经经过了半个世纪的发展，但仍有许多局限问题未能充分解决。在 2008 年美国次贷财务危机前，Altman(1968；1977)的 Z 值模型、Ohlson(1980)模型、Zmijewski(1984)模型、Shumway(2001)模型已经被广泛应用，Z 值模型已经是金融机构预警企业财务危机风险的常用工具，但这些金融机构仍在次贷财务危机中遭受巨大损失(吴星泽，2011)。

国内的金融机构、信用评级机构早已应用大量财务、非财务数据，甚至大数据、舆情、情报分析数据、历史交易数据，运用先进的机器学习算法建立了财务危机预警体系。但在 2018 年以来的债务违约潮中，信用评级的下调仍然表现出了明显的滞后特征。如图 1-2 所示，2018—2021 年间首次公募债违约主体的信用评级下调，相较于发生于违约前一个月，更多发生在实质违约后。这说明运用大量数据和先进算法的信用评级公司的风险预警能力仍有局限。

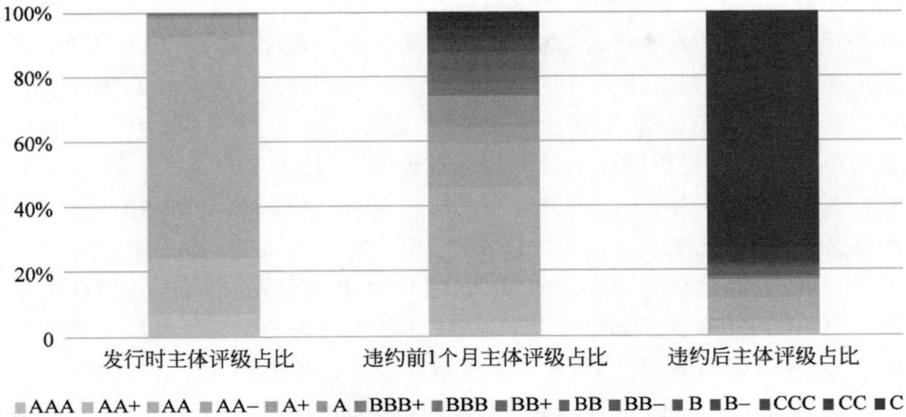

图 1-2　2018—2021 年首次公募债违约的主体信用评级下调时点

数据来源：WIND 信用债数据库，经作者整理。

1.2　典型现象二：不精准的信贷风险评价模型加速了财务危机

作者调研的东方园林是一家优质企业，其财务管理风格稳健，但 2018 年陷入财务危机。不具备精准信用评估能力的金融机构对其上行期追贷、下行期断贷抽贷是其财务危机的重要原因。而金融机构行为背后的深层原因是其信用风险评估、财务危机预警模型效率不足。

东方园林深耕行业 30 年，在水环境治理、危废处置领域拥有领先的技术优势。2014 年财政部 76 号文的颁布开启了 PPP 模式的政策扶持阶段。环保业具备公用属性，2014 年起东方园林趁着政策红利，大力发展 PPP 项目，大量拿单，抢占市场，迎来爆发式增长。

2017 年 11 月，财政部突然出台调控政策，对大量 PPP 项目“清库”。调控政策其实对东方园林并无直接影响，东方园林最终没有一个项目被“清库”，所有执行项目全都顺利入库，却于 2018 年下半年陷入财务危机，2019 年实控人变更为地方国企投资公司。

回顾东方园林的扩张、财务危机过程，公司实控人、高管团队的财务管理一直是稳健的。内部治理失效、管理层过度自信并无明显表现。外部政策对其没有直接冲击。东方园林财务危机的一个重要推动因素，其实是缺乏信用风险评估和财务危机预警能力的金融体系。

东方园林的稳健财务管理策略有诸多证据。其一，东方园林在上市初期快速扩张，负债水平攀升，财务风险提高。实控人、高管于2014年考虑过放慢扩张，“那时候出让了一些股权来再融资，也考虑过缩减规模，停止扩张或者转型，但是还没等我们想清楚，政策就送来了一阵东风（PPP扶持政策），（PPP模式）完美解决了我们的融资难题”。

其二，东方园林在大力发展PPP模式、积极拿单、抢占市场时，高管多次在公开、非公开场合强调东方园林对PPP项目“不担保、不垫资、不贴息”的绝对要求，高管认为这是防止PPP项目对集团公司风险传染的有效手段。“公司每周都有现金流压力测试，密切关注公司的现金流状况和潜在风险，一定在备足所需资金后，才利用多余部分进行投资和支出。”

其三，在2017年“清库政策”颁布后，多家金融机构、评级公司、分析师都认为调控政策是对龙头公司利好的，行业竞争对手纷纷继续大力投标，东方园林高管团队进行了多方调研和企业现金流测算，认为银行会在2018年3月项目确定入库后放贷，企业现金可支持企业继续拿单、垫资建设至2018年下半年。东方园林是经过审慎测算分析后，做出继续拿单扩张的理性判断的。

由此可见，公司内部治理失效、高管非理性在东方园林财务危机过程中并无明显体现，而外部政策冲击对东方园林又没有直接影响，“（部分不具备精准信贷技术的）银行一脚刹车是导致我们财务危机的重要原因”。

缺乏精准信用评估能力的金融机构在东方园林激进扩张和产生财务危机的过程中影响极大。在PPP项目受政策扶持时，“银行都在后面跟着我们，还不是一家，是三家、五家”，争相向东方园林放贷。在“清库政策”刚出台时，信用评级机构、券商分析师、股票市场纷纷看涨东方园林，认为行业规范政策是龙头企业抢占市场的良好时机。银行则暂停放贷业务等待清库结果，最终在出现同业龙头财务危机事件时，部分银行不仅断贷，还开始挤兑抽贷，要求并无自身不利事件发生的东方园林提前还款，股市、评级公司、券商突然一致看跌，东方园林迅速陷入财务危机。

一个深层原因是这些金融机构的企业财务风险评估能力存在不足。金融机构财务风险评估技术的局限性，导致其对政策过度反应，前期追捧扶持行业的优质企业，助力企业激进扩张，后期优先从调控行业的高负债企业（正是前期被追捧的优质企业）抽资，加速了企业流动性的消耗，加剧了实体企业生产经营的波动。

若金融机构具备精准的企业财务风险评估技术，东方园林这样的本可正常建设经营获得回款的优质企业应不至于被迅速、集中地断贷抽资。东方园林本可作为具备经营和还款能力的投资标的被识别并获得流动性，或者至少有机会逐步“关停并转”处置项目变现，而不至于落到现在的实控人丧失控制权，企业丧失研发创新动力，主营业务项目公司陆续转让的局面。

1.3 研究问题提出

缺乏财务风险评估能力的金融体系可能并不能助力实体经济发展，反而加剧实体经济波动。

已有研究发现金融体系加剧实体经济波动的机制是“金融加速器效应”(Bernanke et al.,1999)。这些研究建立在金融机构没有信贷决策失误的基础假设之上，认为信息不对称下金融机构基于净资产的信贷政策和金融机构的风险承担行为(Borio and Zhu,2012；方意等,2012)是金融体系加剧实业波动的两个机制。

不具备精准信贷能力的金融机构导致企业经营波动有两种体现。首先是银行的追贷行为。作者调研过若干企业，都有在上行期被银行追着放贷、要求互保贷款的经历。我国经济发展的主力是中小企业，他们比东方园林面临更严重的融资约束，为了在下行期有“关系”获得融资，不得不在上行期帮助支行和网点完成放贷绩效，建立“关系”。作者访谈的某银行信贷部长对此很惋惜，“我们也在反思，其实我们发生的‘不良’有很多是被我们追贷追‘不良’的。景气的时候银行肯定追着业绩好、风险低的企业放贷，企业拿到那么多钱，背着利息，主业又不需要投资，只能把钱拿去搞副业、多元化，后来出现‘不良’”。

其次，银行愿意放贷的行为本身就是有责任的。企业借款融资本质是一种双方同意的交易关系，将企业财务危机单方面归咎于交易的一方过度自信和认知不足是有失偏颇的。借款人和债权人都应对此负责。特别是在中国企业的治理特征下，股权集中的实控人的过度自信既很难被董事会治理(曹春方、林雁,2017)，也无法被各种战略投资委员会(覃家琦,2010)、小股东和散户(何诚颖等,2014)治理，有能力治理管理层过度自信的更可能是债权人，更何况债权人往往提供了企业项目投资的主要资金。

上述两种体现的深层原因是银行对企业在不陷入财务危机的前提下能安全负债的规模评估能力不足。尤其在我国，多数企业以银行贷款为主要的外部融资来源，银行的风险评估能力不足、信贷资源配置失效会产生比西方影响更为广泛的后果。

已有研究并不关注金融机构信贷策略失效的责任，多数文献的基础假设就是银行的策略是理性的，即均衡状态下，债权人会设置一个等于下期行业真实投资回报率的放贷利率。在此基础假设下，已有研究提出的解法集中于三类，其一是经济波动的管理，如宏观稳定政策（马勇、陈雨露，2017）、稳定经济环境（梅冬州等，2021）、预期管理（汪莉、王先爽，2015）等。其二是对标准化抵押物价值波动的管理，如控制房价增长、控制土地财政收入和地方政府土地出让收入中当期支出的比例等（梅冬州等，2018）。其三是减小银行信贷依据受市场波动的影响，如加强外部金融监管（杨凯生等，2018；侯成琪、黄彤彤，2020）、发展国有经济（战明华、应诚炜，2015）和政府违约救济机制（陆磊、刘学，2020）等。如何通过信贷技术创新缓解代理问题缺乏应有关注。

作者认为，优化信贷机构的信贷方法论，提升银行的风控、信审技术是更为重要的解决方法。银行基于抵押清算制度的信贷模式是金融体系潜在负面影响的核心原因。由于金融机构无信贷决策风险的基础假设，只有极少文章提及应改变银行基于净资产的信贷策略，包括银行风控技术的创新（黄益平、邱晗，2021）和发展具有实体金融中介职能的企业（彭俞超、黄志刚，2018），减小代理问题。东方园林案例可证明，现实中，企业过度投资并不只是企业的责任，金融机构亦推波助澜。

金融体系加剧优质企业经营波动的一个重要原因是金融机构不具备足够的度量和评估企业财务风险、预警和治理企业财务危机的能力。我国金融体系信贷技术尚有优化空间，评级机构的评级方法存在滞后等问题。考虑我国国情、金融体系的特殊性，建立一套优化我国金融机构信贷、估值、评级技术的方法是平滑实体企业经营、避免因金融机构过度反应导致大批本可正常经营的企业陷入财务危机的关键步骤。

因此，本书核心研究问题是：如何评估企业的财务危机风险。具体的研究问题包括如下三点：

首先，如何度量企业财务危机过程中的风险水平？这包括企业财务危机的界定、财务危机的过程及过程中的共性、关键因素研究。

其次，从企业内部看，如果信息完备，怎样预警企业的财务危机？需要预警的财务危机特征有企业财务危机的时点、程度、成因、关键特征过程变化、首次重大不利事件。

最后，从企业外部看，在同样的预警框架下，信息不完备时，应怎样预警企业的财务危机？这需要对缺失的信息进行估计，对有偏的信息进行修正，并且在已有研究的预警效率水平上有所提升。

1.4 研究逻辑与框架

本书的技术路线如图1-3所示。总体的研究逻辑是：首先，从具体财务危机过程案例的研究中，抓取共性的关键变化因素，构建财务危机过程预警框架；之后，基于此框架和共性关键因素，构建一个信息完备情景下基于确定性现金流的财务危机预警模型；最后，考虑该模型在信息不完备情景下的应用，利用大样本实证来检验模型的预警效率，并进一步讨论信息偏差问题的修正方法。本书的研究内容分为六个章节，安排如下。

第1章是引言。作者从两个典型现象出发，指出现象背后的现有财务危机预警研究和实践中的问题，然后提出研究问题，说明研究逻辑。

第2章是文献评述。作者从资本结构研究脉络出发，总结现有财务危机、财务危机预警研究的重点话题、一般化的财务危机预警框架，然后描述主要的财务危机预警研究的创新之处。基于已有研究的焦点与近期演进，作者指出现有研究过度依赖统计算法的局限性。过度聚焦于统计算法的创新和大样本实证研究，缺乏金融原理的支撑，会降低研究成果的理论拓展和实践指导价值。应当回归财务危机预警的金融本质，从历史、资产视角向未来、现金流视角转变，从统计算法向金融原理转变，从粗放的二分化预警结果向更精细的财务危机过程预警转变。

第3章构建财务危机预警框架。首先从财务危机预警模型的使用需求和场景出发，以危及持续经营为标准界定财务危机。接着以多案例对比研究方法，总结归纳出企业财务危机过程的共性关键变化，并据此提出一个基于确定性现金流的财务危机预警框架，以企业未来确定性现金流覆盖刚性兑付水平的变化来描述企业财务危机的过程。企业未来确定性现金流被进一步分为确定性经营活动现金净流入、确定性资产处置现金流入和确定性再融资现金流入。

第4章提出基于确定性现金流的财务危机预警模型（Deterministic-Cash-Flow-Based Model，以下简称"DCFB模型"）。作者首先提出财务危机的"首次效应"，并据此对财务危机预警框架中确定性资产处置和再融资现金流的发生时点和流入规模进行修正。接着作者提出一个信息完备的

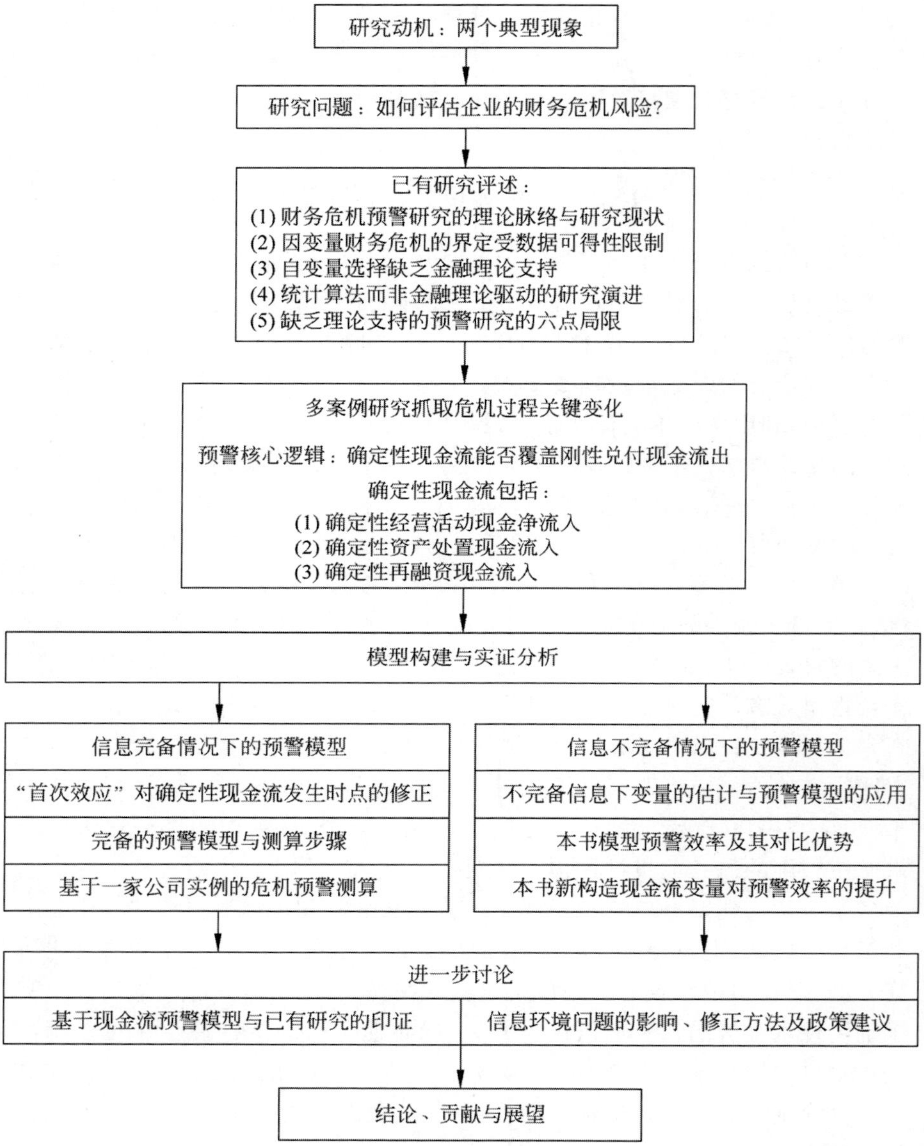

图 1-3 本书逻辑框架与技术路线

DCFB 模型和测算步骤，并结合一家具体公司的数据给出了测算示例。作者将 DCFB 模型与已有资本结构和财务危机预警相关研究成果进行了对比印证。

第 5 章讨论在信息不完备时应用 DCFB 模型并考察模型效率。作者在信息不完备时对 DCFB 模型进行了调整，并利用 2013 年至 2021 年的上市公司数据进行了大样本实证检验，发现 DCFB 模型预警效率超过主流的统计回归模型，弱于 SVM 机器学习算法模型。信息环境问题是影响 DCFB 模型效率的重要原因。在加入了信息参数后，DCFB 模型的预警效率远超主流统计回归预警模型，通常超过 SVM 机器学习算法模型。作者还进一步基于估计出的信息参数对债务融资的信息偏差问题、信息披露政策提出建议。

第 6 章是总结讨论，总结了全书主要结论、理论贡献和创新之处，并展望了未来研究方向。

附录 A 是第 3 章中利用现金流预警框架评估沈阳机床的计算过程。附录 B 是第 4 章中评估企业确定性资产处置、再融资现金流入的主要科目。

第 2 章　偏离金融原理的财务危机预警研究

2.1　财务危机预警研究的理论起源

财务危机、财务危机预警研究是起源于资本结构理论的。权衡理论指出经典的 MM 模型(Modigliani and Miller,1963)只提出了企业负债的税盾价值,但遗漏了一个重要成本,即财务危机成本或破产成本(Baxter,1967)。权衡理论下企业会权衡节税收益和财务危机成本,选择最优的资本结构(Kraus and Litzenberger,1973)。因此,需要回答的一个重要问题就是,财务危机成本或风险究竟有多大。在上述理论的自然传承下,财务危机风险、预警研究中财务危机风险、成本大小的实证研究一直是重要的话题。

在这方面,中文文献和英文文献有着显著的差别。作者在中国知网和 ScienceDirect 这两个中文、英文文献库中分别检索了“财务危机”“财务困境”和 financial distress,筛选了被引量由高到低的前 2000 篇文献(主要是因为中文主流学术期刊中仅有 2020 篇财务危机相关文章,为了让中英文研究可比,作者设计了此文献搜集方法)。作者将文献的年份、关键词数据输入 citespace 统计分析后,产出了如图 2-1 所示的文献关键词结构图。

相比于英文文献,中文文献关于财务危机的相关探讨多是财务危机预警研究,对资本结构、破产成本或风险的讨论比较少。从全时期来看,财务危机英文研究更多的是讨论外部经济冲击、系统性风险和资本结构,委托代理理论、破产成本、困境救济也常被关注,与这些研究角度相比,从财务危机预警、实证研究、机器学习方法等视角切入的财务危机研究是非常少的。这可以从图 2-1 左上角图中看出,全时期财务危机英文文献的最高频关键词是 financial crisis,其次是 capital structure 和 systematic risk。图 2-1 右下角图是与资本结构理论相关的研究话题,用椭圆中空虚线圈出;资本结构关键词用方框中实虚线圈出;图 2-1 左下角图是财务危机预警及相关实证研究关键词,用椭圆中实虚线圈出(其他图同)。

从全时期看，财务危机中文研究文献中，财务危机预警及相关实证研究方法的研究视角占据绝对主导地位。而资本结构、公司治理、困境救济等理论研究视角关键词出现的频率很低，与其他关键词的交互强度较弱。从图 2-1 右上角图中可以看出，全时期财务危机中文文献的最高频关键词是“财务危机预警”，其出现频率远远超过次高的“公司治理”和“机器学习”。全时期中文财务危机研究的财务危机预警实证研究占比和影响远大于其在英文文献中的地位。对比图 2-1 第一排的两图可见，中文文献椭圆中空虚线包围的财务危机金融理论相关研究的面积占整体比重小于英文文献，而椭圆中实虚线包围的财务危机实证研究比重则明显大于英文文献。此外，

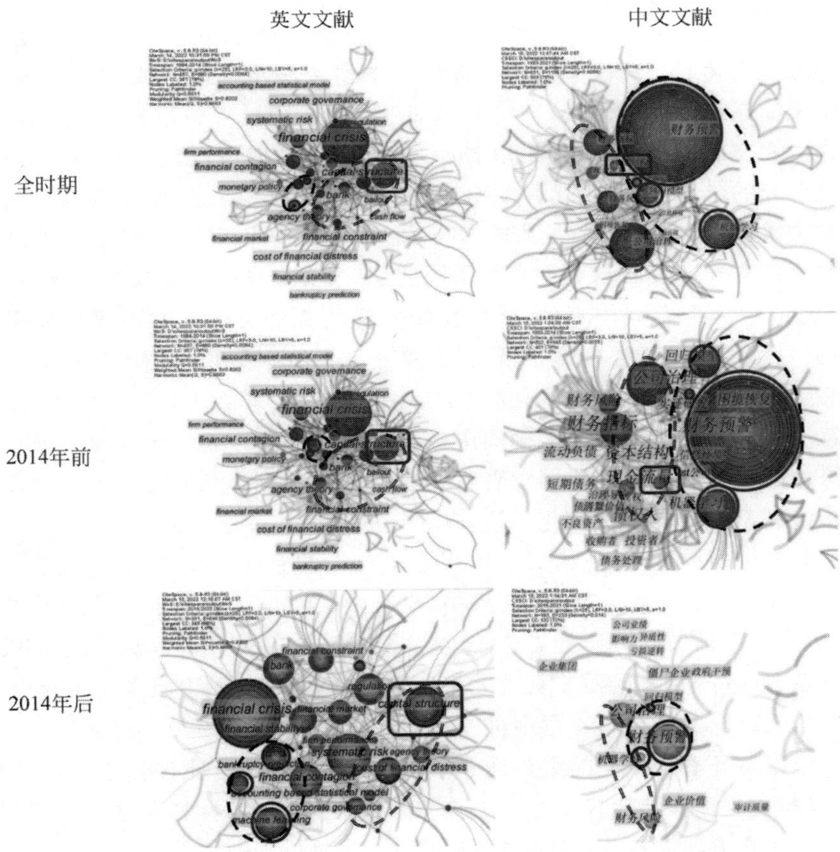

图 2-1　英文与中文财务危机研究的关键词图谱（见文前彩图）

数据来源：ScienceDirect 和中国知网数据库，经作者整理。

中文文献中方框中实虚线包围的资本结构理论的重要性远低于英文文献，财务危机预警话题的主导地位也与英文文献有明显差别。

分阶段看，考虑到2008年全球金融财务危机后财务危机预警才开始成为一个被重点关注的研究话题，作者将2008—2021年分为两个阶段，分别考察2008—2014年和2014—2021年的关键词图谱，以反映财务危机相关研究的演进。

英文文献中财务危机预警实证研究的关注度明显上升。首先，对比英文文献2014年前后两阶段的关键词图谱，不难发现，中实虚线包围的区域占整体份额明显上升了。这说明英文财务危机研究有更加关注财务危机预警实证研究的趋势。不过无论是哪个阶段，财务危机相关研究的主导关键词仍与外部经济冲击和系统性风险相关，这说明英文研究更多将财务危机与外部因素关联。其次是公司内部资本结构策略和公司治理，以及与银行等金融体系相关的关键词，这些关键词也与财务危机密切相关。

中文文献的财务危机实证研究一直占据主导地位，但2014年后，财务危机研究的丰富性、体系化程度明显减弱。对比中文文献2014年前后两阶段的关键词图谱，财务危机预警、实证研究、机器学习一直在财务危机研究领域占据主导地位。与英文文献不同的是，中文文献中外部政策环境、经济冲击受关注度很低，次于财务危机预警实证研究的关键话题主要是公司治理，而资本结构的重要性也很低，排在第9位。特别是观察图2-1右下角图的2014年后中文财务危机研究关键词图谱，可以发现相关文章数量、关联关系、体系化程度都减弱了，椭圆中空虚线包围的财务危机金融理论研究被边缘化。这可能反映出我国学者近期在财务危机研究方面的进展较少，多是预警模型的实证方法优化，对金融原理的拓展和关注在减少。

此外，中英文财务危机研究中现金流这样的金融术语受关注程度一直很低。在中英文共计4000篇文章中，仅有中文39篇、英文28篇提到了"现金流"这一术语。作者研读了这67篇文章，其中62篇只是提到了应用现金流量表中的可信数据，而非真正意义上的现金流评估，剩下具备现金流金融思想的5篇论文会在第4章中进一步讨论。

作为财务危机研究的重要话题，财务危机预警是构建评估企业破产成本、解释企业资本结构权衡逻辑的重要理论基础。关键词"财务危机风险"的重要性和关联度在我国财务危机研究关键词图谱中很低，几乎不被单独研究（见图2-1），财务危机预警成为企业财务危机、破产风险评估的主导研究话题（吴星泽，2011）。在财务危机预警话题下，一些重要的研究问题应当包括企业财务危机风险的影响因素、评估方法、治理机制等。事实上，几乎所有财务危机预警研究都只关注企业财务危机风险的评估问题(任婷婷等，2021)，且近期愈发集中于企业财务危机风险评估的统计模型问题，具有一定局限性。

2.2　一般化的财务危机预警框架

现有的财务危机预警模型研究涉及经济、金融、会计、管理科学、计算机技术、统计等多个学科和研究领域。作者进行了如下的检索方式，以尽可能全面地综述财务危机预警研究。

首先是在 Web of Science、JSTOR、ProQuest、Wiley、IEEE、ScienceDirect 和中国知网等文献数据库中，在相关专业的顶级刊物和与财务危机预警联系紧密的专业刊物上检索，以保证综述的全面性。然后限制检索时间范围为 1932—2021 年，1932 年即为 Fitzpatrick(1932)讨论工业领域成功和失败企业在财务指标上存在区别的开创性论文的发表时间，此前的研究成果很少，且财务危机相关论述常常并非文章主要论点。限制上述期刊和时间范围后，作者检索 financial distress 或 bankruptcy 和 prediction 或 forecast 等英文关键词，以及“财务危机”“财务困境”“违约”“破产”“预警”“预测”等中文关键词。在阅读摘要后排除不相关文献，作者最终精读并评述文献共计 126 篇。

目前，多数财务危机预警模型采用的实证研究方法，常包括财务危机的界定与样本构建、指标池选取与处理、统计算法选择、自变量和预警模型的确定、分割点选取和测试及效率评估六步或其中的部分步骤。如图 2-2 所示。

这六步中已经形成了四项相对成熟的研究规范，如图 2-2 第二行所示。其一是样本的选择。学者们通常会将剔除金融行业具备可信数据的上市公司(Gilbert et al.，1990)或样本量充足的特定行业上市公司(Platt et al.，1994)的公司年度数据作为样本集。在构建样本集时，常常还需进行财务危机和安全样本的匹配，比如按 1∶1 对规模、账面市值比、行业相近的财务危机和安全样本进行配对，或以其他比例或方法改善危机样本过少的样本有偏问题，存在常规的操作方法。其二、其三是指标池的构建与预处理以及模型自变量的确定。很多财务危机预警研究会先遍历已有文献常用指标，构建一个包括大量指标变量的指标池，然后结合变量特征和模型效率最终确

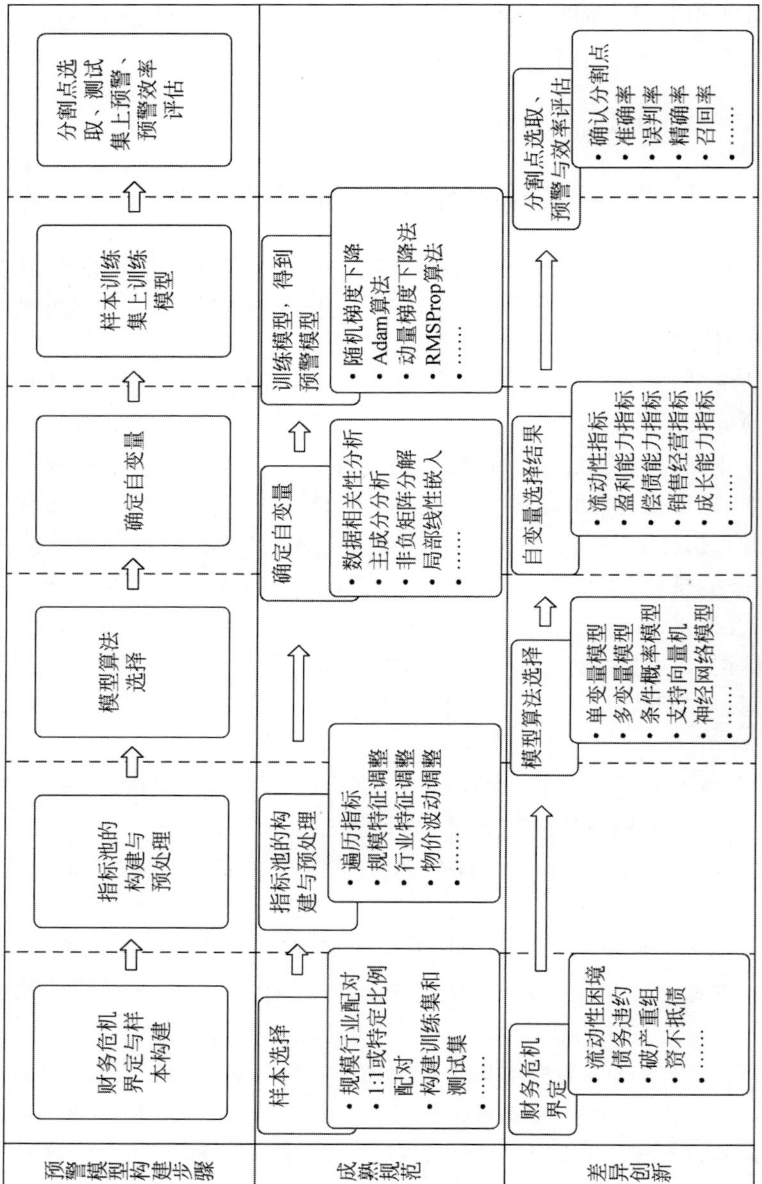

图 2-2 财务危机预警实证研究的主要步骤与近年创新

数据来源：作者整理。

定模型的自变量(Altman,1968；Solomon and Beck,1980；Platt and Platt,1990；Campbell et al.,2008)。这些常用的指标、自变量确定的方法也是非常成熟、规范的。其四是模型训练方法。在确定了预警所用的模型算法后，模型的训练、调参、优化也很标准化。

近年来,财务危机预警方向研究的差异或创新主要集中于四个方面(李帆等,2011；吴星泽,2011)。其一是财务危机的界定,这决定了模型的因变量,也就影响了财务危机预警模型的应用场景和预警效率。其二是模型算法的选择,近年来大量新刊发的论文将统计研究方面的新进展不断应用于财务危机预警,确实在某些情景下提高了预警效率。但在实际应用中,究竟何时应使用何种算法未有定论,这影响了新研究的实践贡献,一定程度上导致了图 2-1 右下图显示的 2014 年以来相关研究缺乏活力的情况。其三是最终预警模型选取的自变量组合各有不同,与上一点类似,各模型间难分优劣。其四是预警阈值和分割点的选择方法。虽然上述四点创新方向使得财务危机预警模型的效率指标有所提升,但对微观的个体企业而言,个体预警结果在模型间并不趋同,在特定模型下并不趋于稳定。后三点说明,近年来研究的差异并无减小趋势,不同研究间难分对错、优劣,这就使得模型产生的不同结果无法调和。已有研究始终缺乏一个调和差异的科学方法,影响了已有预警方法的应用。

接下来的 2.3 节将有针对性地对上述差异进行评述。

2.3　受数据可得性影响的财务危机界定

已有研究对财务危机的界定是二分的。财务危机被看作一个状态的突变,例如从正常经营转变为破产(Altman,1968),转变为 Z 值低于 1.645(Farooq et al.,2018),转变为流动比率或速动比率等财务指标低于风险阈值(Asquith et al.,1994),转变为股票被标记“ST”(李秉成等,2005),转变为发生债务逾期(Wruck,2004),转变为净资产为负(Ojala et al.,2016),等等。这种二分法的财务危机判别被广泛应用于实证研究中(吴超鹏、吴世农,2005；Altman,1968；Ohlson,1980；Pindado et al.,2008；Tinoco and Wilson,2013；Farooq et al.,2021)。

具体的财务危机界定标准主要包括六个视角,如表 2-1 所示。第一个视角是企业持续亏损,被特殊处理标记“ST”(李秉成等,2005)。第二个视角是企业的流动性困境,界定方法主要是流动比率低于 1(吕长江,2004)。

第三个视角是偿付义务违约，债权人无法收回本息（吴世农、卢贤义，2001）或股权投资人无法获得股利（Beaver，1966）。第四个视角是企业申请破产清算（Altman，1968），此时债权人获得至多为本息金额的资产处置收入，股权人获得剩余清算价值。第五个视角是资不抵债，股权投资人持有资产账面价值为负，也就是企业净资产为负（Ross et al.，2013）。第六个视角仍是股东角度，以股东价值损失来界定财务危机（吴超鹏、吴世农，2005）。

表 2-1　已有研究财务危机界定方法总结

分　类	财务危机或风险事件界定	原　　因	典型文献
持续亏损	是否被列入异常状况 ST 清单	企业连续多年出现亏损，很可能存在流动性困境	李秉成等，2005；刘翰林，2002
流动性困境	无力支付到期债务或费用，企业履行义务时受阻；流动比率<1	流动性困境导致企业经营受阻；企业变现流动资产无法偿还流动负债	谷祺、刘淑莲，1999；Carmichael，1972；吕长江，2004；吕长江、韩慧博，2004
偿付义务违约	技术破产，即企业出现债务违约；企业拖欠股利	企业无法按期履行债务合约付息还本；同样体现履行义务不能	Ross et al.，2013；吴世农、卢贤义，2001；Beaver，1966
破产清算	法律上的破产清算	企业已经由于深度财务危机不能持续经营	Altman，1968；Ohlson，1980
资不抵债	企业总资产低于总债务	即会计意义上的破产	Ross et al.，2013
股东价值损失	EVA<0	以是否伤害股东利益为切入点	吴超鹏、吴世农，2005

数据来源：作者整理。

值得一提的是，我国以被特殊处理作为财务危机界定标准的研究众多。这在很大程度上是由于 20 世纪前期我国不太完善的破产机制，多数国有企业无法破产，且那时鲜有债务违约。加之债务违约、逾期、展期等又是非公开的信息，因此学者们只能利用被“ST”作为客观的财务危机判定标准来获得丰富的研究样本。然而交易所特殊处理证券的标准包括公司连续两年亏损、净资产为负、年营收规模不足 1000 万、信息披露造假或缺失等。实践中被特殊处理的公司年度样本多为亏损导致的，其实亏损与财务危机有实质差别，这种财务危机界定方法是有偏差的。

随着我国会计准则、信息披露机制和资本市场的发展，逐渐出现一批学者将企业净资产为负作为企业财务危机的界定标准。但观察发现，很多当年净资产为负的企业在下一年会恢复为正。这些企业出现净资产为负的原因可能是前期的累积亏损、大规模分红、高额负债和大量摊销，这并不意味着企业陷入财务困境，甚至不一定是坏的信号。利用资不抵债来界定财务危机也有偏差。

近期也有一些研究以企业破产、重组来界定财务危机。然而破产、重组几乎是重度财务危机，或是财务危机的结局。以这样的重度财务危机来界定预警因变量，而非以轻度财务危机、流动性困境来界定，自然会使预警滞后。在模型预测企业财务危机时，企业或投资人、相关方可能已来不及采取措施治理或缓解财务危机。更有甚者，可能在企业陷入轻度财务危机时仍使投资人放心注资，而投资人的继续注资又会反过来促使企业采取高风险投资策略以博取潜在的风险收益，加剧企业财务危机中潜在的各方损失。以破产、重组来界定财务危机会产生预警滞后，不利于企业、投资人管理决策。

受数据可得性限制的财务危机界定标准因此表现出两方面的局限性。首先，被认为财务状况安全的非危机企业实际上也可能面临轻度流动性问题，他们正处于资本结构权衡和流动性管理的关键阶段，但缺乏针对性的资本结构权衡取舍方法论。类似地，这些面临一定流动性问题的企业也可能极具企业价值和投资价值，但投资人缺乏阶段性的财务风险评估技术和有效的流动性救济手段。

其次，由于这种深度财务危机的界定标准，被判定为财务危机的企业常常已经陷入严重的流动性财务危机。此时再去引导企业管理流动性或引入投资已回天乏术，而且财务风险管理、财务危机预警的一系列研究都很可能表现出滞后性。

作者认为，财务危机的界定标准应当取决于预警模型使用者的使用场景和需求。企业需要财务危机预警来指导其资本结构决策和投资扩张战略，可能更关注企业的流动性是否能维持企业长期正常经营。债权投资人需要财务危机预警来指导其监督和治理企业，决定是否展期或救济，或何时抽走资金，可能更关注是否能及时获得本息回报或是否能获得展期补偿。而股权投资人需要财务危机预警来指导其决定是否行权要求退回募资和是否救济企业，可能更关注企业是否能持续经营或恢复正常经营。财务危机的界定标准应当由使用需求、场景决定。本书主要从不利于各类相关方的危及企业正常经营的角度出发，以企业现金无法偿付刚性兑付来界定财务危机。

2.4 缺乏理论支持的预警自变量选择

2.4.1 不断扩充的指标池、自变量

Fitzpatrick(1932)发现净利润与股东权益之比和股东权益与负债之比能判别危机企业。随着规范的统计研究方法的发展,Beaver(1966)通过严谨的单变量分析方法,认为资产负债率、资产营运资本率、现金保障率、流动比率和资产利润率(净利润/总资产)是预警财务危机更有效的财务指标。后来 Altman(1968)认为应当使用多个变量提高财务危机预警效率,并选择了资产营运资本率、资产留存收益率、资产报酬率、债务权益市价率和总资产周转率 5 个变量作为预警依据,构建了 Z 值模型。

多变量判别分析方法继续发展,财务危机预警的自变量也在继续扩充。Ohlson(1980)使用 Logit 回归方法,认为总资产规模、资本结构、资产报酬率和流动比率是最有效的 4 个变量。Zmijewski(1984)使用 Probit 回归方法,认为资产报酬率、资本结构、流动比率和主体上市时长这 4 个变量最为有效。

后来开始有学者加入股票市场相关的变量。Shumway(2001)利用资产利润率、资产负债率、相对规模(企业市值/样本总市值的对数)、过去一年股票超额收益率和股票收益波动率进行 cox-Hazard 估计,提升了预警效率。Campbell 等(2008; 2011)利用资产市值利润率(净利润/总资产市值)、资产负债率、相对规模、相对超额收益(股票市值收益率/标普 500 指数收益率之比的对数)、过去三月的股票收益波动率、流动资产占总资产比、市值账面比、股价的对数进行 Logit 回归,达到更有效的预警表现。

直到机器学习方法被引入,财务危机预警指标池被进一步扩充。这些复杂的统计方法一般会先构建一个包括大量财务、非财务指标的指标池,接着通过主成分分析、非负矩阵分解、局部线性嵌入等规范的方法,挑选出部分指标并测试多种变量组合的预警表现,最终选取预警效率尽可能高的自变量组合。常见的财务指标主要有四类,偿债能力指标、盈利能力指标、营运能力指标、成长能力指标(见表 2-2)。非财务指标包括政策环境指标、行业特征指标、企业特征指标和特殊信号(见表 2-2)。

表 2-2　已有研究的指标池结构与典型变量举例

财务类指标分类与典型变量	
指标类型	典型变量举例
短期偿债指标	利息保障倍数、流动比率、速动比率、超速动比率、即付比率、现金流量比率、现金利息保障倍数、短期金融性负债流动比率、流动性短缺指数、类实体现金净流动负债比
长期偿债指标	资产负债率、长期负债比率、有息负债率、净财务杠杆、股权市值/总负债、股权账面价值/总负债
盈利能力指标	净资产报酬率、资产报酬率、主营业务利润率、营运资本/总资产、留存收益/总资产、息税前利润/平均总资产
营运能力指标	应收账款周转率、资产周转率、存货周转率、流动资产周转率、经营性流动资产周转率
成长能力指标	盈利增长指数、资产增长率、股东权益增长率、主营业务收入增长率、净经营资产增长率
经营指标	主营业务利润贡献率

非财务类指标分类与典型变量		
指标类型		典型变量举例
政策环境指标	宏观环境	宏观经济景气指数与发展趋势、信用生态、宏观调控、货币政策等
	行业环境	行业政策、行业景气度、行业竞争格局、行业发展前景、产权保护水平、法治环境、监管强度等
行业特征指标	市场地位	市场占有率、所在行业排名、品牌影响力、企业规模等
	产业链控制力	产业链布局、供应链整合能力、经营性负债和账期特征、交易特征、企业关联网络、技术实力、创新水平等
	融资渠道	融资渠道多元化、融资渠道畅通性、融资成本、银行授信额度、与金融机构关联情况与合作关系稳定性、受限资产占比等
企业特征指标	公司治理	公司内部治理结构是否完善、内控制度是否健全、董事会规模结构与特征、近期是否有高管密集离职
	股权结构	产权性质、股东(国有资本、民营资本、政府)持股比例、机构投资者持股、股东集中度
	会计信息质量	年报审计意见、最近几年是否频繁更换事务所、信息披露是否规范、盈余管理、财务粉饰
特殊信号	公告披露信息	获得银行授信、被监管机构质询、高管非正常变更、股权频繁转让、管理层讨论等
	舆情指标	是否涉及纠纷诉讼及类型、合同条款处罚负面结果、信用不良记录、成为失信被执行人、企业或相关自然人负面信息、机构投资者退出等

数据来源：作者整理。

2.4.2 被统计效率牺牲的经济意义

可以说,大量基于回归分析、机器学习统计方法的财务危机预警模型研究牺牲了模型的经济含义,提高了模型的统计预警效率。很多预警模型的自变量选择是统计效率决定而非金融原理支撑的。最具代表性的 Altman(1968)Z 值模型建立在美国 1968 年制造业 66 家上市公司的训练样本特征之上。Altman 利用流动性、盈利能力、偿债能力、销售能力 4 个维度共计 22 个财务指标构成的指标池,结合规范的变量间相关性分析、不同变量组合的建模拟合测试和专家评价,最终选择了 5 个变量构建 Z 值模型。后续很多研究沿用了 Altman(1968)的四维度指标池,或与其一样,“利用电脑程序运行无数次后挑选表现最好的自变量”,而非“基于企业经营、决策过程推导出的影响因素”(Johnson,1970)。

这种“拟合试错”选出的自变量是高度依赖样本特征的。这会产生三个问题。其一,当下大量直接沿用 Z 值自变量,甚至直接套用 Z 值公式的做法是有问题的,尤其在我国的经济发展水平、资本市场有效性、信息披露政策等特征与 1968 年的美国有巨大差异的背景下。Z 值模型每次的应用都应基于特定使用场景的相关样本,重新进行一次指标池构建、多变量判别分析、自变量确定、模型计算、分割点划分、预警有效性测试的过程,构建当前样本集下的 Z 值模型公式。新的公式很可能与 Altman(1968)模型有不同的自变量、参数。这大大提高了财务危机预警的复杂性和成本。

其二,当下多数预警自变量是企业历史财会指标,而真正的财务危机预警是面向未来、针对现金的。企业的财会指标只能反映企业当下的资产和负债的账面价值,反映企业过去的盈利情况和历史会计现金流,而非资产的市场价值、未来的盈利能力和现金流水平。也就是说,大量利用历史财会数据的已有研究建立在一个基础假设之上:企业未来的盈利与历史盈利高度相关,企业未来实现的现金流与未来应计盈利(也即历史应计盈利)高度相关,企业资产的市场价值与账面价值高度相关——从经验上看,现实情况显然违背了上述基础假设。

一个自然的追问是,如果不用历史财务会计指标,应该用何变量输入模型呢?诚然,财务危机预警必须依赖客观可信的数据。数据可得性极大限制了财务危机预警从应计向实现、从会计向金融、从历史向未来的视角转变。不过仍然存在一些可以尝试的做法,比如利用半有效的我国股票市场信息来调整得出未来现金流，利用分析师或信用评级公司的未来预测数据，等等。但已有研究在这方面的尝试很少。

其三，近年来，很多机器学习方法开始使用舆情、信号数据作为财务危机预警自变量。作者调研到，某信用评级公司使用公募基金的减持作为提升上市主体财务危机风险评价的依据，还有机构将同业其他主体的财务困境作为上调该主体财务危机风险的依据，这可能产生两个问题。首先，有的负面信号与考察主体并不直接相关。如果负面信号不仅发生，还会通过评级公司、分析师上调风险评价再次产生负面信号，双重负面信号可能更大地刺激金融机构、投资人争相挤兑，本可正常经营的企业更可能因为单纯的流动性问题而非经营问题陷入财务危机。其次，能被外界观察到的与考察主体直接相关的很多负面信号一旦发生，可能代表企业已经陷入了重度财务危机，积重难返。这使得以此为据的财务危机预警出现滞后问题，影响模型应用价值。

这些问题的根源可能是缺少一套具备经济意义的财务危机预警框架。这导致使用者每次使用时都需重新训练模型和选择变量，导致在样本集内统计效率表现更好却不一定最大化经济效率的变量组合被选中，导致宏观预警模型只能在样本集内高效“预测”但难以有效预测样本集外的未来，导致微观预警拟合出的财务危机风险缺乏实践指导意义。

2.4.3　财务危机成因和机制研究的局限

财务危机预警模型的自变量组合本应基于财务危机成因的研究成果来构建。粗放的财务危机，可能是财务危机预警模型自变量的选择是由统计方法而非金融原理支撑的重要原因。

英文文献更多地将财务危机归咎于外部经济冲击，中文文献则更多地将财务危机归咎于公司内部治理问题。如图 2-1 所示，英文文献的财务危机研究中，最核心的关键词是 financial crisis、systematic risk 等，而中文文献中，除了“财务危机预警”外，重要的关键词是“公司治理”“资本结构”和“财务指标”。

很多财务危机成因研究将财务危机归咎于企业高杠杆的资本结构，又将高杠杆归咎于企业前期的过度投资，最终是过度自信的企业家负主要责任。

我国财务危机成因研究中，更多被讨论的是企业内部原因，主要包括企业早期的激进扩张,但随后的市场增长、企业盈利却远不及预期水平(吴武清等,2012);企业前期过度举债,产生了无法承担的高财务费用(Arnold,2014);企业没能有效管理现金,流动性水平低,且资产规模较小或用尽融资能力,财务风险承担能力弱(Ippolito et al.,2016);企业陷入严重的期限错配问题,业务现金流入与还本付息现金流出不匹配,难以完成刚性兑付义务(钟凯等,2016);企业被集团公司的其他业务部门传染(孟庆斌等,2019)等。

这样粗放的、体系化不足的财务危机成因研究并不能很好地指导财务危机预警和治理。多数文献的研究窗口比较短视,聚焦于财务危机的直接原因,对财务危机成因的回溯截止于高杠杆问题,认为高杠杆、过度投资等直接原因的成因会被相应的其他研究解释。但这样分步的成因研究可能不利于揭示财务危机的深层原因。财务危机有多个直接原因,直接原因又有多层、多个更深层原因。这些错综复杂的深层因素并未被现有研究综合起来,构建成能指导财务危机预警自变量选择的分析框架。本节将企业财务危机、高杠杆与过度投资成因研究梳理为表 2-3,以佐证本节对财务危机成因文献局限性的评述。

表 2-3 财务危机、高杠杆与过度投资成因研究梳理

财务危机成因研究	
企业内部	经营风险(成本结构、经营基本面、收入波动、盈利能力下降)和财务风险(资本结构、过度举债、资产规模小、流动性弱);放大财务危机概率; 高杠杆下超过偿付能力的财务费用; 过度投资(冗余雇员、无效投资、多元化)收益不达预期; 大量资本运作兼并收购高风险; 集团公司风险传染、信息不对称影响外部监督; 短贷长投期限错配; 主动策略性违约行为
企业外部	外部环境(宏观政策、行业波动、自然灾害)突变; 政府干预但在下行期财政实力有限难以扶持; 金融摩擦导致流动性财务危机; 银行抽断贷、续贷限制; 来自供应商、销售商或供应链外部异常的风险传染

续表

<table>
<tr><th colspan="4">高杠杆成因研究</th></tr>
<tr><td rowspan="2">企业内部</td><td colspan="2">经典负债权衡理论</td><td>税盾价值；
限制自由现金流减低代理成本；
传递正面前景信号；
利用市场时机、便利性降低融资成本；
债务积压、代理问题导致的投资不足的损失小；
破产风险(盈利不足刚兑)小、破产成本(行政费用、管理费用等直接成本和精力耗费、负面信号损害销售、债权人相机治理失效、法院裁决失效等间接成本)小</td></tr>
<tr><td colspan="2">其他内部成因</td><td>策略性负债影响对手、上下游和员工谈判地位与决策；
产品市场竞争激励而财务危机重组机制具备一定有效性；
集团公司规模大、结构复杂外部难监管、再谈判成本低；
公司治理机制、监管约束机制、市场淘汰机制不健全；
股权融资约束、审批流程、时间成本高；
管理层低估风险、过度自信下过度扩张、认为股价被低估</td></tr>
<tr><td colspan="3">企业外部</td><td>以往长期宽松货币政策、货币信贷投放效率不佳；
以信贷为主的单一融资结构，缺乏市场化；
经济增长过度依赖出口和投资带动导致负债局部过剩；
国企和地方政府预算软约束引起金融错配现象；
现行产权制度、破产机制下低破产成本；
传统评价指标高估真实杠杆</td></tr>
<tr><th colspan="4">过度投资成因研究</th></tr>
<tr><td>企业内部</td><td>理性委托代理私利问题</td><td>经理人与股东</td><td>经理与股东委托代理问题，经理人从规模增长获得升迁、声誉等私利；
经理人商业帝国假说；
超额持现更易过度投资、自由现金流假说；
经理人壕沟防御假说；
经理人资源控制理论；
低或无融资约束、续贷预期下更易过度投资；
低破产成本预期下过度投资
经理人学习、获取信息、终止项目的私人成本和退资对个人声誉损害；
经理人薪酬补偿机制失效；
国有经理人受地方政府官员委任与干预，接受多重政治目标考核；
国企所有者虚位现象、经理人资本利得少，主要享受短任期内利润、晋升；
管理人代理问题具有企业周期特征，过度投资先下降后上升</td></tr>
</table>

续表

过度投资成因研究			
企业内部	理性委托代理私利问题	股东与债权人	高杠杆下股东谋求高风险项目的资产替代效应
		大股东与中小股东	股权集中的控股股东剥削中小股东； 大股东控制权与现金流权的分离； 多个大股东合谋问题
		集团与子公司	集团内部资本市场的无效补贴
		地方政府与中央政府	地方政府间“晋升锦标赛”恶性争夺资源； 地方政府官员对短期政绩的需求
		政府与企业	产业政策、地区资源争夺加剧盲目扩产
		公司治理失效	内部公司治理失效，董事监事会、独立董事难以制衡； 管理者治理失效、管理者权力问题； 制度背景、产权性质和高管政治联系导致过度投资； 激进或惰性战略问题、战略委员会主要为迎合监管但难以治理过度投资
		信息不对称	复杂集团结构、避税活动加剧信息不对称和外部监管难度； 低质量财务报告、信息披露能力弱； 不确定性、激烈竞争下过度投资、窖藏行为、投资失败难以归咎
	有限理性问题		管理层过度自信； 外部醒目信息特征、启发性认知偏差； 管理人特质理论（个人经历、知识经验、信念、情绪）； 非理性同伴效应、网络中模仿与追随效应
企业外部	政府干预		政府主导的投资驱动的经济增长模式、地方政府支持干预（获得项目、配额、准入、土地税率雇员等支持或优惠政策）、隐性担保（阻碍一些有助社会目标企业的及时退出）的资源诅咒假说； 地方政府利用土地、财政、信贷资源与企业合谋问题
	制度环境		宏观政策影响、宽松货币政策； 结构失衡假说，经济结构性过剩、信贷供需波动的暂时性过剩、热门行业地区局部资金过剩； 资本市场信息环境差、资本市场无效（概念炒作、虚假宣传、粉饰项目可行）、公司所处制度环境（法律、信息、审计环境）； 激烈竞争环境下促使公司抢占资源、形成先发优势

数据来源：作者整理。

2.5　被统计算法驱动的财务危机预警研究

2.5.1　不断提升的模型算法

已有研究大致经历了“单变量—多变量—条件概率—机器学习算法”的演进过程。最初 Fitzpatrick(1932)、Beaver(1966)其实是利用某一个财务指标对企业进行分类和预警。单变量模型经济含义非常明确且使用简单，但是存在易被操纵、视角片面、相互矛盾的问题。

Altman(1968)的 Z 值模型至今仍被广泛应用。他引入了多变量模型，使用偿债能力、盈利能力、营运能力、流动性 4 个维度的 22 个财务指标，以 1968 年美国 66 家制造业企业为样本，利用 MDA 方法选出表现最好的 5 个自变量，构建了 Z 值预警模型。目前 Z 值模型仍被很多分析师、评级机构和学者沿用。不过他们使用时少有按照 Altman(1968)做法重新构建指标池、重新挑选自变量的，多是直接使用 Altman(1968)研究中的 5 个自变量进行回归分析，甚至直接套用原文中训练出的参数、模型、分割点。使用者的样本所处信息环境、企业特征等与 1968 年美国那 66 家制造业企业大不相同，所以这种简单沿用的做法可能会降低 Z 值模型的预警效率。

之后 Ohlson(1980)引入逻辑回归模型。不同于 Altman(1968)缺乏经济学含义的拟合结果，Ohlson(1980)模型的拟合值可以反映企业财务危机的概率，并预警财务危机概率高于 0.5 的企业。而且，此方法不要求样本数据满足多元正态分布、组间协方差相等等数据假设，拥有更广泛的适用性。不过，Ohlson(1980)模型的无偏假设需要较高的样本量，不宜少于 200 个，且模型对中间区域的判别结果不太稳定(王今等，2002)。

目前，逻辑回归方法仍是财务危机预警与信用评估中常用的方法之一。后续学者对于原模型进行了修正。韩立岩和李蕾(2010)纠正逻辑回归截距，加入主成分分析方法解决了不平衡抽样、多重共线性等问题。鲜文铎和向锐(2007)提出了混合逻辑回归模型，放宽了传统逻辑回归模型中个体选择偏好同质和不相关备选方案独立性的限制，提高了模型的灵活度。方匡南等(2016)加入了变量间网络结构，提高了模型预警效果。

近来随着研究的演进，机器学习方法逐渐占据预警模型统计方法的主导地位。一些经典研究，包括 Odom 和 Sharda(1990)将神经网络模型应用于财务危机预警，Carling 等(2007)将生存分析(Survivial Analysis，SA)应用于衡量宏观经济环境下企业的信用风险评估，Sarkar 和 Sriram(2001)将贝叶斯网络模型(Bayesian Network Models，BN)应用于银行破产的早期预警，Chen 等(2011)将遗传算法应用于企业破产预测。

支持向量机及人工神经网络的创新方法及其修正是目前研究的热点。方匡南和杨阳(2018)提出稀疏组支持向量机方法与 SGL 惩罚函数结合的预警模型(SVM-SGL)，提高了传统支持向量机模型的预测精度。杨海军和太雷(2009)采用模糊支持向量机(FSVM)方法、模糊 C-均值算法(Fuzzy C-mean Algorithm)与自组织映射(SOM)方法，与传统 SVM 相比更好地解决了过度拟合的问题，同时降低了外点带来的影响。人工神经网络算法的优势在于对数据分布的要求不严格、非线性的数据处理方式、强鲁棒性和动态性等。但这类方法同样存在共通的局限性，主要是网络结构难以确定(财务危机预警研究中没有一个规范的模式来构造网络结构)和缺乏解释能力，此外对训练集样本特征要求较高(王今等，2002)。

不同于缺乏金融原理支持的上述预警模型，还有一种思路是基于 Merton(1974)期权定价模型，计算随机波动的企业权益市值不足债务规模的概率作为财务危机风险。这是一种由资产定价理论支撑的财务危机预警方法。在此框架下，最常用的是 KMV 模型，可以拟合出企业违约风险或违约距离。这种动态模型可以利用实时的股价数据对风险进行动态的拟合，有效市场假设下股价相比于企业历史财务会计数据包含了更多的信息。不过在使用中，KMV 模型对随机过程的特征要求较高，加之我国半有效的资本市场特征(刘春林、张宁，2012)，这些都降低了 KMV 模型的有效性。

2.5.2 财务危机风险不是相对风险：探讨预警结果的经济意义

除了 KMV 财务危机预警方法外，大多数现有预警模型无论是多变量的回归分析还是机器学习的分类方法，都是对多个具备统计效率的自变量进行加权，然后排序，再进行截断分类——本质是将财务危机风险看作相对风险。

在财务危机预警模型研究的第六步，基于特定统计算法训练完模型后，研究者常常需要确定一个分割点，来对预警企业和安全企业进行分类。预警模型的实证研究多数是基于多指标统计加权对企业财务危机风险进行排序，分界点能将风险更低的企业划分为安全企业，将风险高于分界点的企业划分为预警企业。这其实是按照训练集内样本企业的相对风险特征，对测试集内企业样本进行的分类。

然而财务危机风险是相对风险吗？作者认为答案是否定的，企业发生财务危机的风险应当是客观存在的，不会因为选用另一个样本集、另一种模型算法或另一个自变量而发生改变。这就产生现有统计算法驱动的财务危机研究的两个核心问题：视角的转换始终带来财务危机预警结果的改变；样本的扩大、指标池的扩大、算法的优化并不能使现有模型预警结果趋向真实值。

首先是视角的转换总是改变预警结果。对于同一主体，直觉上其发生财务危机的可能性是存在一个客观真实值的，预期的外部行业调控力度、当前企业的资本结构特征、现金流周转特征、持有的可处置资产规模及特征、再融资能力等决定了财务危机的可能性。然而，在相对风险预警框架下，改变研究样本，使用相同的指标池、模型算法，却可能对同一主体产生矛盾的预警结果。

如图 2-3 所示，其他流程完全一致，仅仅从行业样本转变为上市公司样本，就总是存在预警结果不一致的主体。而且这两种视角是难分优劣的，行业样本集下，行业特征一致，预警可能更加精准；而上市公司样本集下，数据更加完备，预警模型可能学习到更多有效特征——样本视角难分优劣，矛盾的结果难以调和。这样相互矛盾的预警结果总是存在，令人对现有预警模型的科学性产生怀疑。

其次是样本、指标池的扩大和算法技术的优化并未使预警结果更加趋向真实值。Altman(1968)的 Z 值模型在 91 个样本构成的测试集上，TPR 达到 96%，FPR 仅为 21%。Zmijewski(1984)在仅有 40 家危机企业和 800 家安全企业的有偏测试集中，能达到超过 97%的正确率。Shumway(2001)的 Hazard 模型在 112 个样本构成的测试集上，TPR 能达到 96.5%。这些统计效率在早期就极高，后续研究大致维持此效率水平。

而基于我国样本数据，周首华等(1996)在只有 22 家危机企业和 4138 家安全企业样本的测试集中，TPR 达到 68.18%，FPR 仅 25.52%。杨贵军等(2019)在 362 个样本构成的测试集上模型预警 TPR 为 74.73%，同时 FPR 为 22.28%。在引入机器学习方法后，预警效率确实有所上升，肖毅等(2020)在 70 个样本构成的测试集上基于 TEI@I 方法论的预警模型 TPR 达到 82.86%，任婷婷等(2021)以 2010—2020 年有效样本为测试集，提出的基于改进 AdaBoost 算法的预警模型 TPR 平均为 75.89%。很难说模型预警效率有显著的提升。

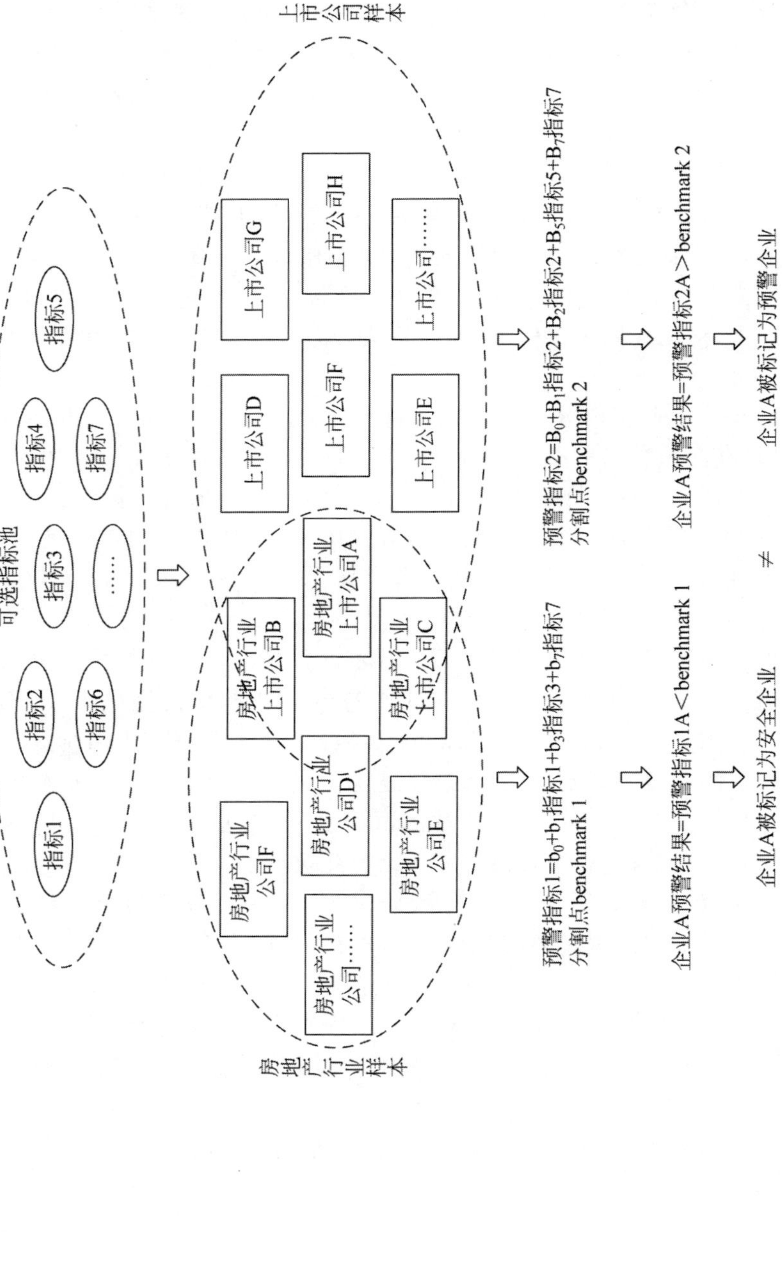

图 2-3 仅样本集不同导致矛盾结果的预警流程示意图

数据来源：作者举例整理。

而且上述预警效率均是在样本集中测试集上的表现，而在财务危机预警模型被应用于分析样本集外的未来财务危机风险时，这些模型的表现均不尽如人意，这在本书第 1 章两个典型事例上有所体现。

此外，预警方法、模型之间的分歧始终难以调和。一方面，上述各类预警模型之间仍然缺乏科学的使用场景选择方法和模型适用程度排序。另一方面，从企业内部和企业外部两个视角预警客观的财务危机风险并无调和、趋同的趋势。

企业内部视角下，企业高管、财务或风险管理部门人员使用的财务危机预警模型研究成果很少。这很可能是由于研究者缺失企业内部数据。少数讨论企业内部采购、销售、投资、融资活动如何影响企业财务危机风险的研究是框架性的。蔡岩松等(2008)搭建了一个系统动力学框架，利用企业各项活动的现金流转关系，反映复杂的企业内部系统中出现现金流不足的风险。该文献提供了一个企业现金流动态监测、预测的框架，关于现金流确定性、各活动间现金流影响的假设多且强。仅有很少的实证研究利用个体问卷调研后设定的参数或情报学数据(王克平等，2021)通过数值模拟证明了预警模型的有效性。

内部预警视角下，企业财务危机预警指企业出现现金流缺口。模型的外生因素主要有采购原料供应市场、产品需求市场、资本市场的变动，输入参数主要是企业各种现金流及其相互影响关系，企业在未来现金出现缺口时被预警。而外部预警视角下，预警模型的自变量是各种财务和非财务指标，近来还出现了预警效率很高的舆情数据和公募基金抛售数据，自变量选择方面并无与内部预警模型趋同的趋势。

考虑企业财务危机风险是一个客观存在的风险，而非主观相对风险，因此不应因视角不同而不同。随着市场有效性的提高、信息披露机制的完善而趋同，内部、外部视角预警模型本应在信息完备时一致。但事实上，两种视角的预警模型几乎全无趋同趋势。

诚然，除 KMV 模型外的现有财务危机预警研究缺少金融原理的支撑，这使得多数预警研究只能通过相对风险对企业财务危机风险进行评估。关注相对风险最高的部分主体一般是合理的，不过现有的相对风险预警模型在样本外的实际预警效率如何是有待讨论的。2018 年去杠杆、2019 年中美贸易摩擦、新冠疫情暴发等政策环境，每年都出现不可忽视的变化，企业外部政策制度、行业环境等并不稳定，相对风险预警模型的有效性、可信度大大降低。

2.6 现有预警模型的局限性

2.6.1 被统计效率而非经济效率引导的模型优化

在评价模型预警效率时，样本全集通常被分为训练模型使用的训练集和测试模型效率的测试集。具体的模型效率评估指标主要包括准确率、误判率等统计指标，如表 2-4 所示。表格中四种样本区间可以被三个效率指标充分反映，即表内准确率、误判率和精准率。准确率(True Positive Rate，TPR)代表了危机企业中有多少被预警模型发现，很多实证研究主要用这一项来评价预警模型的效率。精准率(precision)度量了被预警的企业中有多少真的发生财务危机，误判率(False Positive Rate，FPR)度量了实际上安全企业中有多少被误判预警，此二指标一个反映预警模型的有效性，一个反映预警模型造成的额外监管成本，与准确率一样具有经济意义，但被使用频率远低于准确率。

表 2-4　主要的模型效率评估指标列表

<table>
<tr><td colspan="2"></td><td colspan="2">实际结果</td><td></td></tr>
<tr><td colspan="2"></td><td>财务危机</td><td>安全</td><td></td></tr>
<tr><td rowspan="2">预警结果</td><td>预警</td><td>TP：预警且财务危机的样本数量</td><td>FP：预警但安全的样本数量</td><td rowspan="2">精准率(precision) $=\frac{TP}{TP+FP}$</td></tr>
<tr><td>不预警</td><td>FN：不预警但财务危机的样本数量</td><td>TN：不预警且安全的样本数量</td></tr>
<tr><td colspan="2"></td><td>准确率(TPR) $=\frac{TP}{TP+FN}$</td><td>误判率(FPR) $=\frac{FP}{FP+TN}$</td><td></td></tr>
</table>

数据来源：作者整理。

分割点的选择会极大影响上述效率指标。事实上，准确率、误判率和精准率之间存在一个权衡取舍，模型可以通过调整分割点，牺牲某一个或几个比率来提高另一比率。目前，存在综合权衡准确率和误判率的模型效率比较方法——AUC(Area Under ROC Curve)面积法，以及综合权衡准确率和精准率的方法——PR 曲线法。

这种被统计效率影响的分割点选择会产生固有局限。局限一(这是本小节总结的六点局限之一)，预警的有效是统计上的有效，而并不总是经济上的有效。相对风险评估方法下，可以通过选择分割点优化统计效率结果。严格的分割点可能提高模型的准确率，同时也提高误判率，模型训练者可能会通过调整分割点来提升预警模型的统计效率。不过模型的训练者可能与使用者有不同的诉求，模型效率的优化结果可能提高了一些统计效率指标，但并不能满足使用者试图降低误判导致的监管成本(需降低误判率)、试图尽可能抢占市场而仅在高风险时被提示(需提高精准率)等多样化的目的，缺乏经济效率。

不过目前常见的预警模型训练仍以追求更高的统计效率为目的。模型训练者会基于统计效率而非使用场景和使用需求去确定分割点。这样的方法是简便的、标准化的，但也损失了一些模型的经济价值，继而产生局限二、局限三。

局限二，预警模型的优劣取决于统计效率，这引导学者在搜索新的变量、学习新的算法上努力，而对财务危机的经济特征、金融原理、机制、特殊博弈关系、时间价值等诸多有经济意义的话题缺乏关注。一个现象是，财务危机预警研究本质上是经济问题、金融问题、商业问题，但随着统计研究方法的迅速发展，预警研究更多成为数据问题、统计问题、算法问题。很多财务危机预警的研究发表在计算机、统计、人工智能的期刊上，很多财务危机预警的研究者并无经济、金融学背景。

作为资本结构理论的分支话题，财务危机预警成为一个统计方法至上的研究话题，对资本结构研究的理论拓展意义有限。财务危机预警的实证研究确实能反映企业破产风险的大小，但企业在权衡以债务还是以股权融资时，真的会用财务危机风险乘以实证发现的占大公司 2%～3%和小公司 20%～25%资产价值的破产成本来判断吗？或者说，对于特定企业，这样的财务危机风险、财务危机成本真的适用吗？基于调研经历，作者认为上述问题的答案是否定的。

局限三，统计效率的提升确实是预警研究发展的结果，但这些提升并不总是预警方法改进带来的。新研究常脱离使用场景，阐释改进模型对统计效率的提升。这种改进模型与已有模型的环境背景、财务危机界定有所不同，有无改进、改进多少很难比较。即便使用相同样本集改进了效率，也可能是改进模型更匹配样本的特征，不完全说明预警方法更优。

2.6.2　样本集内的“预警”效率

已有研究的准确率预警效率可能达到 80%、90%，且保持误判率不足

30%,但这并不意味着能运用该模型对企业未来财务危机进行高效预警,而只说明在样本集中,预警模型能实现高效预警。已有研究都是基于训练集样本训练出预警模型,再在测试集上进行预测,以测试集上的预警效率来评价模型预警能力的。测试集的预警结果可能很好,这说明预警模型学到了样本集中危机企业的特征。

但预警模型的应用场景是样本集之外的未来。未来企业面临政策调控、行业波动、融资摩擦等环境的巨大变化,以相对风险评估方法学到了样本集内危机样本特征的模型能有效地预警与历史样本集特征不一致的未来企业财务危机吗?

经验看来,答案是不能。这就是已有研究的局限四,只能保证样本集内的高效预警。已有研究主要依赖样本统计分析来构建财务危机预警模型。这建立于一个基础假设,即主体未来的主体特征、环境特征是与样本集内历史的主体特征、环境特征一致的。在现实中这个基础假设很容易被打破,比如主体的投资机会、战略定位等经常调整;外部环境也多有变化,这不仅表现在行业内的市场供需变化,还有全行业的冲击。近年来,变化、冲击经常发生,2015 年出现股灾,2018 年去杠杆以来市场流动性收紧,出现大量债务违约,2019 年中美贸易冲突、新冠疫情等。这些变化都会导致预测的未来与历史样本集特征大有不同。但依赖历史样本集内统计分析的财务危机预警方法却无法解决这个特征差异,影响了预警模型对未来的预警效率,而这才是财务危机预警模型的真实使用场景。

2.6.3 几乎固有的滞后性问题

信用评级公司应用先进的机器学习算法和大数据进行债券主体的风险评级。但如第 1 章的典型现象一,在 2018 年以来的信用债违约潮中,我国很多违约债券是在公告违约后才被迅速下调评级,预警方法表现出明显的滞后性。

滞后的财务危机预警不仅使投资人错失避险时机,还可能误导投资人继续给未被预警的高风险企业追加投资。类似地,滞后的财务危机预警不仅使企业错失处置资产、引入救济的时机,还可能误导其在轻度财务危机期继续追加投资抢占市场。

已有预警模型的滞后问题可能是固有的,这是第五点局限。这可能来自预警模型自变量的两点固有滞后特征。第一个滞后来源是,预警研究极度依赖的财务指标本身就是滞后的。企业财务报表中,资产的账面价值是历史支付价格，利润、现金流都是过去一年中发生的历史数据，并非当下资产市值、未来盈利或现金流。预警自变量的滞后可能导致预警结果的滞后。这可能是一些研究在加入股票市场实时的、反映企业未来增长或自由现金流的股价作为自变量后，能提升模型预警效率的原因。

第二个滞后来源是，近来预警模型加入的舆情大数据也有一定滞后性。随着机器学习算法和大数据的发展，开始有财务危机预警模型引入实时的舆情、情报数据作为自变量进行预警。实时的舆情虽然是企业最新的信息，但错综复杂的很多信息并不直接与企业财务危机风险相关，样本中有大量的噪声干扰。而与财务危机风险显著相关的信息又很可能是重大不利事件，比如企业成为失信被执行人、大股东发生债务违约、员工罢工或供应商断供等。对于确有经营问题的企业，重大不利事件发生后的预警其实还是滞后的。而对于没有经营问题、只存在流动性困境的企业，重大不利事件后的预警、评级下调是继不利事件本身之后的二次负面信号，可能刺激投资人抽资，加剧本可正常经营企业的流动性困境。

2.6.4　空白甚至负面的预警后续

已有研究的第六点局限在于，财务危机预警的内涵是单调的。首先是关于预警结果。一方面，已有研究的预警结果含义是单调的。财务危机本身被看作是二分化的，财务危机过程是从未被特殊处理变为被特殊处理、未违约到违约、未破产到破产，是一种状态的突变。企业被预警，只代表从当前看，企业未来有很大可能会被特殊处理、违约或破产，何时、何因、何种程度未知。另一方面，预警结果的确定性也较低。当前企业被预警不一定代表企业有财务危机风险，而只是其财务危机风险相对较高，高于历史样本集的预警分割点。此模型、分割点在未来不一定有效。

其次是关于预警原因。已有研究的自变量非常丰富，自变量之间可能存在复杂的间接相关关系。如果某企业被预警，预警模型反映出的财务危机直接原因可能是某自变量异常。但这些财务指标、非财务指标常常只是滞后的经营、流动性管理、资本结构决策的体现，深层原因可能是另一自变量，或根本没有出现在自变量组合中的指标。现有预警模型很难向企业或投资人反映深层的财务危机预警原因。

最后是关于财务危机治理。已有模型几乎只传递预警结果，而针对预警原因、财务危机程度、财务危机时点几乎不传递有效信息。财务危机原因方面，对于预警主体，预警模型无法直接反映预警原因，但预警主体或许可以通过调整美化财务报表来影响预警结果。这可能加剧了财务粉饰行为，却不能促进预警主体提早地、积极地优化经营、调整战略和管理流动性。类似地，预警模型只向投资人传递了一个信号，该主体被预警，却不能反映企业是因流动性问题还是基本面问题导致的财务危机。投资人不能通过参考预警模型来评估自己应当救济企业渡过流动性困境以获得更高投资收益，还是应当迅速抽资避免风险。

财务危机程度方面，很多预警结果并不具备财务危机程度的经济意义。部分拟合结果为财务危机概率的回归方法，反映了企业陷入财务危机的风险，但这并不能反映企业当前处于轻度财务危机还是重度财务危机。具备经济意义的财务危机程度评价能指导企业的行为。由于时间价值在财务危机过程中的重要性，轻度财务危机中企业可能应当积极处置非经营性资产，寻找合适的战略投资人。而重度财务危机中企业可能濒临违约，一旦违约可能引起连锁反应，阻碍企业正常经营，导致大量企业价值蒸发，因此重度财务危机中的企业可能需要折价抛售部分经营性资产、非核心项目或业务，必须折价引入救济投资人的战略资金而不能继续等待更合适的投资者。目前研究拟合出的财务危机概率并不能指导企业和投资人在不同财务危机程度采取不同策略。

财务危机时点方面，已有研究其实是不能对财务危机时点进行预警的。诚然，统计模型可以以不同窗口期内是否存在财务危机作为因变量，预警未来不同时段内的财务危机。但主体在未来两年内没有被预警，而未来三年内被预警，并不意味着预警模型判断出了主体会在未来第三年发生财务危机。事实上，未来两年、未来三年两次统计分析的财务危机界定不同、样本集不同、优化后的自变量和参数不同、分割点不同，很难将两次预警看作同一预警逻辑下的自洽结果。即便可以以此为财务危机时点的预警结果，作者在测算时发现，一个主体的预警结果随着窗口的延伸在预警和安全两种结果间来回转换是常见的现象。这种不稳定又缺乏逻辑基础的时点预警是欠缺指导价值的。

2.7 回归金融原理：本书的创新

本书通过四项创新缓解上述的六个已有研究局限。第一点创新是扩大财务危机界定范围，从破产、重整等财务危机后果扩大到包括实控人失去控制权、债务违约、成为失信被执行人等财务危机事件。更重要的是，本书预警模型的预警结果能够反映企业的财务危机程度，不仅将企业区分出有无财务危机风险两类，对存在财务危机风险的主体还能反映企业财务危机的严重程度，以帮助企业、投资人提早进行财务危机治理。由此，局限四、五、六被缓解。

第二点创新是转变财务危机预警的视角，不再主要依赖企业历史财会指标，而是更多取决于企业未来现金流。王竹泉等(2020)进行过相关的尝试，但其研究并非服务于财务危机预警，而是财务风险的度量。该文区别了存量和流量的偿债能力，开始从会计视角向金融视角转变，但其风险度量模型仍主要采用了会计意义的现金流，还使用了观察时点之后的实际发生现金流作为“未来”现金流。实际操作中，财务危机预警时点下，模型使用者是不可能知道未来数据的，因此王竹泉等的模型不能作为真正意义上的财务危机“预警”模型。而本书基于分析师预测，经过具备经济含义的确定性业务占比的调整，形成企业确定性经营活动现金净流入的预测，再加上企业资产处置、再融资的确定性现金流入，构成了企业偿还刚性兑付的现金来源，是真正的从历史向未来、从会计向金融的视角转变。局限四、五被缓解。

第三点创新是真正基于金融原理，构建起一个企业生产经营基本面的绝对财务危机风险预警模型。本模型建立于企业在确定性现金流不足以偿付刚性兑付义务时陷入财务危机的核心思想的基础上，基于预测时点信息对企业未来确定性现金净流入和刚性兑付现金流出进行测算，来预警企业未来可能的财务危机。本书提出的基于确定性现金流的财务危机预警模型(以下简称“DCFB 模型”)构建了一个企业基本面上的绝对财务危机预警标准，即企业确定性现金净流入是否能覆盖刚性兑付现金流出。这套有金融原理支撑的、对未来进行预警的、绝对的预警方法可以缓解已有文献的局限一至五。

第四点创新是，本书的方法具备一套由众多与企业、关键外部主体行为相关的关键科目串连而成的完整的预警逻辑。DCFB 模型是针对未来特定时点发生的一笔特定刚性兑付无法偿付的预警，一旦出现报警，可以从财务危机时点回溯至今，对关键科目的财务危机成因和治理起到指导作用。因此财务危机预警不仅汇报结果，还能反映财务危机时点是否临近、财务危机程度是否严峻、财务危机原因可能是哪些关键科目问题或资源能力缺口。所以，这套逻辑不仅对企业、投资人更具指导意义，更重要的是，此框架并不依赖于样本集，能不断被完善，更精准地对未来“预警”。由此，局限四至六可能被缓解。

第3章 DCFB财务危机预警框架的提出

3.1 以危及持续经营界定的财务危机

3.1.1 基于模型使用需求与场景界定的财务危机

财务危机预警的需求主要来自三方，企业、投资人和企业相关方。企业财务危机预警的目的主要是流动性风险管理，警示企业在出现较大财务危机风险时及时放慢扩张速度、提前处置资产或引入再融资，以保障经营活动和战略计划的顺利进行。企业的投资风格可能是稳健或者激进的，需要被预警的标准也有所不同。风格稳健的企业可能需要模型在财务危机风险高于一定水平时预警，提示企业及时采取财务风险管理措施保障流动性。而风格激进的企业预警的风险阈值可能较高，需要模型在轻度或中度财务危机时预警，以警示企业必须放慢扩张速度，甚至处置资产减小规模、稀释大股东持股引入战略投资人。

企业，尤其是大股东、实控人，最关注的其实是是否危及企业持续经营、是否危及实控人持股份额持续创造现金流。此时，亏损对企业高管而言显而易见，不需预警；企业申请重组、破产清算本身可能并不会带来最大的价值损失，这正是企业或大股东在陷入财务危机后的最优选择，不需预警。真正危及企业持续经营的是债权人的诉讼和因此导致的资产、账户冻结，真正危及实控人持股份额持续创造价值的是外部主体强制的诉讼和清算。所以，可能导致诉讼、冻结、清算的刚性兑付义务无法偿付的风险才是需要被预警的财务危机。

对于投资人，一般来说，债权人最关注企业是否会、何时会无法偿债(吴世农、卢贤义，2001)。股权投资人最关注企业是否会、何时会资不抵债、净资产为负(Ross et al.，2013)。投资人方面的财务危机预警需求可能发生在两种场景。第一种场景是，存量投资人判断是否要行使选择权提前回售债权,要求企业提前偿还。此时投资人需要通过模型判断企业是否处于财务危机之中,如果存在财务危机风险,还需判断财务危机的程度和原因。如果企业处于轻度财务危机阶段,优质企业抵押借款债权人可能需要与企业、企业的其他主要投资人沟通,识别企业财务危机成因,共同防范化解企业财务危机。如果企业处于重度财务危机阶段,债权人除非有充分把握参与纯流动性危机企业救济,否则应尽快抽资避险,保全自己和上游投资人的利益。

第二种场景是,增量投资人判断是否要参与救济(此处包括存量投资人借款到期后决定是否续贷或展期)。此时投资人需要通过模型识别企业的财务危机成因及财务危机程度。纯流动性财务危机、产品服务具备竞争优势时,投资人可以通过财务危机救济获得更高回报。但当企业财务危机成因主要来自生产经营问题时,无互补资源能力的纯财务投资人救济风险很高。类似地,财务危机程度轻时,救济后企业恢复正常经营的可能性高,救济风险低;而财务危机程度重时,企业虽具产品服务优势,仍处于绝对谈判劣势,投资人可以获得高额投资回报,但救济风险更高,需要更充分的风险保障措施。

其他相关方,主要是由于企业财务危机而可能被波及的相关主体,包括企业欠款对象供应商、向企业赊款供货的供应商、为企业提供代偿承诺的下游品牌公司等。企业上下游交易对手常有一定账期的应收账款,对于企业供应商,需要对企业财务危机无法偿付应付账款的风险进行评估,权衡利润与风险,谨慎选择供货对象。企业已欠款的供应商也需要关注企业的财务危机风险,因为一旦企业发生违约,金融机构(尤其是持有抵押资产的债权人)可能迅速申请冻结资产和账户,供应商能否追回账款,或在多长时间后才能追回账款,或许会影响供应商的流动性和持续经营。因此企业的利益相关方也需要企业的财务危机预警,以指导自己的生产、经营行为和合作伙伴选择。此时,与企业有历史交易和信任关系的相关方可能需要企业的重度财务危机预警,以避免危及自身的正常持续经营。

因此,企业、投资人、相关方为了各自的持续正常经营,最为关注企业的刚性兑付是否能到期履约支付。这种刚性兑付是包括经营性负债的,而不仅是融资性负债,因为供应商的诉讼、员工的罢工都会导致企业无法维持正常经营,这是本书界定的需要被预警的财务危机。调研中的一些相关论述见表3-1,受访者普遍认可上述的财务危机界定标准。

表 3-1 财务危机预期作用的证据援引

副范畴编码	典型证据援引
财务危机的判定问题（E1）	“还是需要保持企业持续经营吧，他们要是诉讼冻结了我们的账户，直接没法给委托农户打款了，就相当于完全停工。”（温 I 1-21） “他们提前要求我们打款，就是知道我们不敢不打过去，不然一旦发生逾期，整个银行体系都能看到，全都抽贷我们绝对受不了。”（东 I 3-17） “如果系统上看到企业别的贷款发生逾期或者违约了，或者企业公募债违约了，肯定这家企业就变成我们‘禁止进入’的客户了。”（沈 I 3-6）

数据来源：调研记录，作者整理。

3.1.2 财务危机预警逻辑构建：财务危机是过程而非突变

已有研究对财务危机预警的逻辑是比较粗放的。财务危机本身被粗放地二分界定，财务危机预警的内涵只是从当前观测未来企业是否会发生违约、破产的状态变化。但企业将会在未来的什么时点（或时间范围）、因为哪笔刚兑违约、深层有些什么原因、怎样一步步从正常经营发展到财务危机等问题不被预警研究关注，也无法在预警模型中体现。但缺乏经济意义和机制内涵的财务危机风险、预警结果是苍白的，要想财务危机预警研究有效发挥实践价值，产生理论贡献，就不能使其脱离财务危机成因和过程独自发展。

作者认为，财务危机预警不仅是一个“财务危机”的结果，而应是预警一个财务危机的过程。过程中的关键时点、关键变化及原因、治理或应对方案远比一个“危机”或“安全”的结果重要。企业从正常经营发展到财务危机不是状态突变，而是有一个过程的。财务危机预警其实是从当前观测，未来企业很可能由于若干原因，流动性水平波动下降或逐渐下降，直到无法履行某时点的刚性兑付，发生财务危机事件，而不是被粗放地抽象为二分化的“财务危机”或“无财务危机”两种状态。真正的预警价值体现在企业、投资人、相关方可以在此过程的各个时间点最优化自身的行为，以避免囚徒困境下本可正常经营的企业陷入财务危机，避免本可顺利周转或重组的债务由于复杂的诉讼、冻结引起巨大的企业价值损耗。

学者们已经认识到剖析企业财务危机的阶段性演进特征的意义（吕长江等，2004），但只有很少的学者在实证研究中预警不同阶段或程度的财务危机（Farooq et al.，2018）。一些学者关注到财务危机前的变化，将分红减少（Beaver，1966）、利润降低（Farooq and Qamar.，2019）等信号抓取出来，作为财务危机过程的开端进行预警。后来有更细致的研究，利用分红降低、债务违约、破产重组三个标志性事件将财务危机划分成两个阶段（Turetsky and McEven，2001），或是利用分红减少或取消、债务违约或技术性违约、申请破产保护、破产清算四个标志性事件将财务危机划分成三个阶段（Lau，1987），可以分别预警。还有学者提出用多个财务指标来定义多种状态变化（Sun et al.，2014；Farooq et al.，2018）。按照上述方法分阶段的财务危机预警便于实现，但没能解决一些重要问题。

首先，这种以标志性事件区分企业财务危机阶段并分别预警的方法，事实上是完全从企业单方面数据出发的。一方面，这导致这种方法很难关注在财务危机过程中发挥重要作用的企业外部利益相关者的行为，如债权人是否抽资、供应商是否同意发货或应收账期、经销商是否压款等。另一方面，这种方法几乎无法讨论企业外部利益相关者行为对企业流动性水平的影响和对企业行为的交互影响（张新民，2020）。因此以企业发生标志性事件为代表的财务危机过程预警框架虽具备简洁性的优点，有助于大样本实证研究，但对财务危机过程的机制揭示作用和对财务危机预警研究的指导意义有限。

其次，标志性事件或财务指标差于特定阈值其实是一种信号。以这些标志性信号作为财务危机预警的因变量可能反而加剧企业的财务危机损失。其实，外部观察到的利润降低、分红减少、首次违约事件前后，企业并不会因为这些标志性事件或指标从略高于阈值到略低于阈值而发生质变，核心的差别是外部主体的信息集。这些事件作为信号影响债权人等外部主体的信息集和行为，尤其是首次违约事件改变债权人的行为。本章的负面案例中，多数体现出“首次效应”，即首次违约或首次成为失信被执行人等负面事件，会引起远比利润降低、分红减少、申请破产等更严重的市场反应，使财务危机过程几乎立即恶化、加速。正如第 2 章所述，这样的信号事件选择可能反而引起金融机构的挤兑抽资，使本可正常经营回款的企业迅速陷入财务危机，且信号的出现往往为时过晚。以这样的信号作为阶段性预警目标可能会带来负面的影响。因此，需要一种连续的、不依赖滞后信号的财务危机过程预警框架。

再次，已有研究忽视了时间价值在财务危机过程中的重大意义。如果按事件区分财务危机阶段并分阶段预警，财务危机过程的时间维度被以事件为次序的方式替代。预警结果变成从当前看企业会发生分红减少、会发生债务违约、会发生破产重整，但预警结果的时间次序却被模糊了。但其实每笔偿债义务都是发生在具体时点上，越临近违约，企业的谈判地位越低，投资人的谈判地位越高。但这些时间维度上的过程变化无法体现在以标志性事件分割的多阶段财务危机预警模型中。

最后，已有研究常用财务会计比率对财务危机进行分阶段预警。常见预警的目标比率有流动比率、EBITDA 覆盖财务费用比率、净资产或负债占总资产比率等。也就是说，企业财务危机的阶段被描述为财会指标恶化的过程。很多在财务危机过程中企业发生的经营、投资、融资方面的变化无法体现，财务危机过程被用简单的数字表征，财务危机的过程预警实际上是恶化的数字指标的预警，财务危机由轻到重的发展机制、关键变化被忽略，无法指导企业和投资人构建科学的权衡模型和预警模型。作者将已有分阶段预警和描述财务危机的代表做法和优劣势总结为表 3-2。因此，需要找到更精细化但仍然实证上可行的财务危机过程预警框架。

表 3-2　已有文献中财务危机过程描述方法总结表

财务危机过程描述方法	事件描述法	指标描述法
代表做法	分红减少——破产(Beaver,1966) 利润降低——破产(Farooq and Qamar,2019) 分红减少——债务违约——破产(Turetsky and McEven,2001) 分红减少——债务违约——申请破产——破产清算(Lau,1987)	利润降低——利息覆盖率小于 1——净资产为负(Farooq et al. ,2018) 利润降低——EBITDA/财务费用是否连续两年小于 1 或市值是否连续两年降低——净资产为负(Tinoco and Wilson,2013)
优势	运用简单，便于统计实证	
劣势	信号滞后问题、信号事件的“首次效应”负面影响、忽略时间价值	忽略业务、资产、融资方面变化

数据来源：作者整理。

3.2　多案例对比研究方法

3.2.1　研究方法选择

多案例研究方法是由本章的研究目的决定的。本章试图通过描述和对比案例公司财务危机过程和现金流特征，抓取企业财务危机过程中的关键变化因素，构建一个预警企业财务危机过程的分析框架，并检验其有效性。考虑本书界定的财务危机是企业无法现金偿付刚性兑付，本章核心研究问题是：企业陷入财务危机时现金流会经历一个怎样的变化过程？如何通过可视的财务表现评估企业会或不会、有多大可能会陷入怎样的财务危机？这两个问题能被案例研究方法下的过程内在机理和形成机制研究更好地回答（Eisenhardt and Graehner，2007）。

此外，多案例研究适用于构建具备普适性的分析框架（王扬眉等，2021），尤其是应用多案例研究的"重复验证"逻辑和"跨案例对比"逻辑，可以识别出一些具备共性的关键因素、因果关系，并从多角度、多指标的比较来识别关键因素的作用方式，保障研究结论的稳健性和普适性（毛基业、陈诚，2017）。

诚然，大样本实证研究是更常见的用于论证因果关系的方法，但是本章分析框架所需大量的信息是在数据库中缺失的，甚至这部分信息本身就存在披露问题。比如，区别企业的各类还款来源现金流特征，就需要对企业的业务特征进行分析，仅仅依靠业务历史收入、毛利数据是不足以预测企业业务未来现金流特征的。又如，区别企业的各项刚性兑付义务，需要对企业的每笔经营性和融资性负债兑付义务进行梳理，这些信息在数据库中有很多缺失。加之企业在公告中对业务的介绍注重向股票投资人陈述企业的竞争力优势、增长潜力，多数企业公告的文本介绍也缺乏关于企业业务活动现金流特征的介绍。而且，企业公开信息中并无汇报各笔融资性负债的具体偿还时点和规模的义务，经营性负债信息披露更是粗放。大样本数据的缺失导致通过大样本实证检验本章分析框架的研究方法不再适用。

更重要的是，案例研究相较于大样本统计，可以更好地发现案例企业财务危机过程的关键微观变化，尤其是一些可视的表现。这一方面是因为很多企业的业务特征、资产特征和融资情况没有被数据库捕捉，或者为了形成标准化数据而舍弃了很多的描述和特征信息，大样本统计研究受限于数据的缺失。另一方面，大样本统计需要排除样本的一些极端特征，但对于危机企业而言，更可能的情况是一些极端情景暗含了企业的财务风险和风险事件发生的关键变化因素。

3.2.2　理论抽样与案例企业背景简介

作者在博士研究生阶段实地调研了多家企业，其中有共计 14 家企业，或是陷入了财务危机，成为失信被执行人，实控人丧失控制权，发生债务违约；或是虽然流动性水平不总是充裕，但顺利度过了一次或多次大量企业财务危机的行业调控阶段。为了研究的严谨性和结论的丰富、有效性，作者从中选取了 6 个代表案例，作为本章的主要研究对象。理论抽样的原则如下。

首先是案例典型性。所选案例应满足盛极而衰原则或转危为安的极化原则(Eisenhardt，1989)，即企业或是业务规模一度处于国内行业领先水平，但后来陷入财务危机，或是一度陷入流动性困境或流动性水平较低，但一次或多次度过严重的行业下行或调控阶段，在同业相似企业陷入财务危机时保持安全。

其次是样本对称性。这体现在两方面，其一是案例分布对称性(Eisenhardt，2016)。多案例被分为盛极而衰的负面案例和转危为安的正面案例两种，正面与负面案例数量应保持一致。其二是案例间可比性。样本案例间应构成正负两两对比关系，对比案例之间尽可能保持相似的行业业务、市场特征、政策环境、成长周期、产权性质等，以及相异的财务管理手段和财务危机过程特征。在控制住以上条件后，应尽量使样本案例所在行业分布具备多样性，以减小业务、产品差异对结果的影响。

最后是数据充足性。样本案例应具备丰富、可信的数据，因此公开信息充足的上市公司优先，案例中至少一名高管或财务部门负责人能配合访谈调研的优先。

运用上述理论抽样原则，本章最终保留 6 个案例，均为 A 股上市公司，包括环保行业的正面案例蒙草生态和负面案例东方园林，畜牧行业的正面案例温氏股份和负面案例雏鹰农牧，创新研发为主的正面案例复星医药和负面案例沈阳机床。作者利用剩余 8 个案例进行理论检验，无新构念产生，保证了理论饱和度。上述 6 个样本案例的基础信息和财务危机过程简介见表 3-3。

3.2.3 调研过程与数据收集

在进行调研访谈前，作者会根据公开资料针对不同访谈对象设计调研提纲。提纲包括两部分。首先是对财务危机全过程的回溯。调研问题聚焦于整个财务危机过程中案例企业的各维度变化，尤其是与现金流相关方面。具体而言，访谈问题主要关注两类主体，即企业方面和债权人方面，包括整个财务危机过程发生变化的条件、主体采取的行为、行为后果，后果主要指对企业财务风险程度的影响。

表 3-3 样本案例基础信息与财务危机过程简介

案例简称	行业特征	成立年份	财务危机年份	财务危机时长	财务危机实际后果	财务危机预警年份	产权性质	财务危机过程简介
东方园林	环保行业	1992	2019	23 个月	实控人丧失控股权	2018 年被预警	民营	环保行业龙头企业，在 2017 年“清库政策”前积极进军 PPP 项目，调控政策出台后净利润较 2017 年下降了 12.5%，陷入流动性困境，2018 年流动比率、速动比率降低至 0.99、0.43，后于 2019 年 2 月发生公募债技术性违约，2019 年 10 月成为失信被执行人，后引入朝阳区国资委战略投资资金，实控人变更
蒙草生态	环保行业	2001	不适用	不适用	正常经营	2019 年被预警	民营	2017 年“清库政策”前积极进军 PPP 项目，调控政策出台后净利润较 2017 年下降 73%，陷入流动性困境，2018 年流动比率、速动比率降低至 0.84、0.74，在 2018 年前后财务状况差于东方园林，但并未发生实控人变更或债务违约，而是于 2019 年 1 月以差额补足和回购条款引入了国资战投人，并引入国资联动的长期贷款资金，成功度过 2018 年的行业低谷
雏鹰农牧	畜牧养殖	2003	2018	4 个月	债务违约，退市	2015 年被预警	民营	主要从事生猪、肉鸡养殖相关的一体化现代养殖业务，2010 年率先 A 股上市，成为“中国养猪第一股”，2017 年、2018 年猪周期低谷叠加金融调控，雏鹰农牧净利润较 2016 年下降 87%，2018 年出现巨额亏损，流动性水平于 2018 年显著降低，流动比率、速动比率分别为 0.62 和 0.56，2018 年 11 月出现债券违约，2019 年 4 月“戴帽”，2019 年 10 月退市

续表

案例简称	行业特征	成立年份	财务危机年份	财务危机时长	财务危机实际后果	财务危机预警年份	产权性质	财务危机过程简介
温氏股份	畜牧养殖	1993	不适用	不适用	正常经营	未被预警	民营	主要从事肉猪、肉鸡养殖及配套业务，2015 年 A 股上市，2019 年总市值达到 2408 亿元，同样被称为“养猪第一股”，2017 年、2018 年温氏净利润下跌 43% 和 40%，流动比率、速动比率下降为 1.64 和 0.67，维持正常经营，需要特别指出的是，温氏顺利度过 2009 年、2014 年、2018 年的行业低谷，并一直维持较平滑的流动性水平
沈阳机床	创新研发	1993	2019	近 4 年	破产	2016 年被预警	国有	曾是全球最大的机床生产制造商，2007 年成立 i5 机床研发团队，向高端机床市场进军，然而原有低端机床业务市场逐渐消失，已有业务盈利下滑，2015 年开始出现净亏损，2017 年“戴帽”，流动性水平持续下降，直至 2018 年流动比率、速动比率降至 0.86、0.52，2019 年 3 月成为失信被执行人，9 月出现债务违约
复星医药	创新研发	1995	不适用	不适用	正常经营	2018 年被预警	民营	一家以制药业务为核心的研发创新型企业，是整个医疗保健行业市值排名第十位的龙头企业，其顺利度过了 2010 年、2018 年两次利润大幅下滑的下行期，即便 2017 年、2018 年流动性水平不佳，复星医药仍平稳度过，并保持着研发投入的高增长和新产品、新专利成果的高速产出，处于行业领先地位

数据来源：作者根据公司财务报告、公告、主流财经新闻整理。

其次是对部分标志性事件的追问，尤其是屡次出现的公开、明确负面事件带来的风险水平变化，如首次成为失信被执行人、每次被下调评级、每次出现债券违约等。这些标志性事件如何影响了债权人、借款人双方行为，并带来何种后续影响，如何体现在案例企业的财务数据和流动性水平的变化上，有什么陷入财务危机的教训或度过低谷的经验值得总结，都是追问阶段关注的问题。

作者通常以半结构化访谈的形式来保证调研目标的完成，同时保留一定灵活性。在访谈过程中，作者会以聊天、追问的形式鼓励受访者进行相关内容的发散式补充，进一步提高调研成果的理论饱和度。在访谈完成后，受访者通常自愿提供一些内部资料以支持或补充其观点。在完成速记资料和内部资料整理后，作者可能通过电话形式进行补访，并在得到受访人确认后形成本次调研的最终原始资料。

作者共计对上述 6 个案例的 19 名关键人物进行了 24 场半结构化访谈，时长在 0.5—3 小时不等，平均用时为 1 小时。另外还进行了 7 次补充访谈，补充访谈一般非常有针对性，时长在 10—20 分钟，这些内容被作为附录并入对应人物的正式访谈原始资料中。

作者通过收集和比对二手资料、档案材料和调研原始资料的方式使数据之间形成三角印证(Scandura and Williams，2000)，提高研究结论的信度和效度。二手资料主要指一些学术期刊文章或主流财经媒体新闻资讯，档案材料包括上市公司的公告书、民事裁决书、关键人物的一些公开或内部讲话以及受访者提供的相关内部材料。数据资料见表 3-4。

3.2.4　数据编码与数据分析

作者参考刘意等(2020)的数据分析过程，按照标准的扎根理论数据处理程序，首先对数据进行开放式编码。利用上述原始资料，作者排除与财务危机过程无关的内容，共组织 3 名编码人员，各自对这些记录、表述进行标记，标记规则为资料分类、资料来源、字段编号，总共获得了 873 条原始证据。接着，这些原始证据被分类和归纳，并基于“原生”规则(王扬眉等，2021)被分类命名，得到 83 个初始构念。

第二步是主轴编码过程。编码人员进一步根据极化原则，进行不同企业财务危机过程的共性和异质特征的聚类分析，接着对这些特征背后不同角色主体的背景、动机、行为、后果进行关联关系构建，获得了 20 个副范畴和 7 个主范畴(详见表 3-5)。

表 3-4 样本案例调研数据资料汇总表

调研方式	案例编码	东方园林	蒙草生态	雏鹰农牧	温氏股份	沈阳机床	复星医药
二手资料	期刊文章(J)/份	19	23	98	87	165	69
	新闻报道(N)/份	43	36	83	57	72	41
档案材料	公司公告(A)/份	47	22	39	32	16	20
	民事裁决书(F)/份	36	0	24	0	38	0
	关键人物讲话(P)/份	12	2	4	9	4	7
	内部资料(M)/份	8	2	14	8	3	0
半结构化访谈(I)	次数	11	2	4	3	4	0
	受访人角色	企业方面，前实控人、副总裁、金融中心总裁、财务部门负责人、项目部门负责人；债权人方面，某银行分行行长、某银行信贷部部长等投资方人员	企业方面，董事长、副总经理	企业方面，前董事会秘书、财务部门负责人；债权人方面，某明股实债投资人，投资人委托咨询项目负责人	企业方面，董事长、总经理	企业方面，前董事长、副总经理；债权人方面，融资租赁投资人	不适用

数据来源：调研材料，经作者整理。

表 3-5　编码结构及范畴内涵

核心范畴	主范畴	范 畴 内 涵	副范畴编码
财务危机过程	财务危机预期(E)	企业或债权人对未来发生财务危机的预期影响当下策略	财务危机的判定问题(E1) 财务危机的现金缺口变化(E2) 财务危机预期与现状交互(E3)
	刚性兑付义务(P)	企业融资性负债产生的还本付息义务,包括兑付时点和兑付规模	刚性兑付时点(P1) 刚性兑付规模(P2) 不确定条款与极端情景(P3)
	业务经营(O)	确定的业务经营活动现金净流入	业务活动的确定性(O1) 确定的现金净流入(O2) 政策环境的特殊作用(O3)
	资产处置(D)	确定的资产处置活动现金净流入	资产流动性的影响(D1) 资产与业务关联关系(D2)
	再融资(R)	确定的再融资活动现金净流入	正常情景下的确定再融资(R1) 来自大股东或母公司的确定性再融资能力(R2) 风险战略投资人的再融资确定性(R3)
财务危机加速	首次效应(F)	首次负面事件(失信被执行人、债务违约、评级下调等)带来影响	首次负面事件(F1) 负面事件的信号作用(F2)
	财务危机加速效应(A)	企业与各类投资人间的交互影响可能加速财务危机过程	刚兑提前到期(A1) 经营活动受阻影响回款(A2) 资产处置折价(A3) 融资活动受阻(A4)

数据来源：编码分析结果,经作者整理。

第三步是进行选择性编码。编码人员进行编码和聚类的对比,将不同理论、视角的构念、范畴整合起来。过程中产生矛盾,编码人员将返回关键冲突相关的原始证据、受访资料,结合对应受访者给出的进一步信息或提出的建议,进行整合,最终围绕 2 个核心范畴,构建财务危机过程预警框架。本章编码结构及范畴见表 3-5。其中,第 2 个核心范畴“财务危机加速”的相关讨论会修正“财务危机过程”范畴的分析框架,继而调整基础的财务危机过程预警框架。不过,由于篇幅限制,本书将在第 4 章讨论“财务危机加速”范畴的理论构念及其对基础框架的调整作用。

最后是跨案例比较分析。在完成对主范畴进行构念间因果关系的建立后,本章会在关键因素抓取和首次加速效应两部分进行相关元素的跨案例比较分析。跨案例研究的目的有二,一方面对相同因果关系进行重复验证

(Yin,1989),另一方面对相异因果关系进行合并和总结(Marx and Dusa,2011),最终进行要素分析来产生稳健而全面的财务危机过程预警框架。

3.3 DCFB 财务危机预警框架

3.3.1 共性的关键变化:现金缺口的产生与扩大

基于本书关注的财务危机界定标准,正常经营的企业可以通过财务规划、资金管理来按期偿付到期的刚性兑付,而被界定为财务危机的企业却无法通过周转现金来履行刚性兑付义务,企业陷入财务危机的过程必然有现金覆盖刚性兑付水平的变化。这正是精细化预警财务危机过程的突破口,且现金覆盖刚性兑付水平是易于度量计算的。

本书危机样本案例体现了现金覆盖刚性兑付水平的降低过程。本书与已有文献关注的现金持有水平[实证上常表现为现金占总资产比值(Kalcheva and Lins,2007)]或现金占净资产比值(Harford et al.,2008)变化的不同有二。其一,本书关注的是现金不足以覆盖刚性兑付的差额,而非持有现金的绝对水平。现金持有水平本身并不足以刻画企业的财务危机过程,样本案例沈阳机床的货币资金占净资产比和货币资金占总资产比自2012—2018年持续稳步提升,但其于2019年3月便被诉成为失信被执行人。现金覆盖刚兑水平在本书样本中有更好的表现。本书危机样本案例企业在陷入财务危机前,企业的现金流相对于刚性兑付义务来说比较充裕,存在现金的盈余。而随着企业陷入财务危机和濒临违约,企业的现金流逐渐无法覆盖刚性兑付,最终出现现金的缺口。而本书正面的安全样本案例企业可能表现出现金覆盖刚性兑付水平的波动特征,但能维持不出现现金缺口。作者将受访者的相关表述整理为表3-6。

表3-6 财务危机过程共性因素与财务危机预期与现实交互关系的证据援引

副范畴编码	典型证据援引
财务危机的现金缺口变化(E1)	“那时银行都在后面跟着我们,还不是一家,是三家、五家。他们也都觉得我们的现金流很稳健,是优质投资标的……项目贷很确定,也没什么融资缺口。后来调控政策出台之后,银行一脚刹车……但我们做了错误的判断,还在继续拿项目,甚至垫资施工。但后来资金跟不上,很多项目没法结算,还有发债失败……后来流动性不足,濒临债务违约。”(东I 2-3)

续表

副范畴编码	典型证据援引
财务危机的现金缺口变化(E1)	“一直就非常注重财务稳健性，本身有多款成熟产品有稳定的业务收益……研发投资的计划是在稳健的大前提下进行的。”(复 I 1-15) “我们的投资板块主要有四个，其中重要的一个是金融资产管理中心，早期主要以自有资金持有一些人民币理财产品，这样在行业下行期可以保持流动性……中间也有过猪价大跌的时候，前期的投资相当于风险基金，可以以峰补欠，避免财务风险。”(温 I 2-6) “当时行业风雨飘摇，银行基本不给我们续贷了，东方园林发债失败，到处都是唱空的声音。大量到期债资金压力很大……地方政府跟我们有深度交易合作历史，有信任机制，我们的多数项目与地方环保、经济有紧密联系……很快洽谈引入地方资金救济……保障了还本付息和经营生产有条不紊地进行。”(蒙 P 2-12)
财务危机预期与现状交互(E2)	“一旦银行认为你有财务危机的风险了，是马上就会采取行动的，你立即就被谨慎进入或者限制进入了，这不是在你真的出现负面事件时才发生的。”(东 I 3-14) “市场一旦有负面的信号了就马上会有反应，信用评级一下调，你的股价、银行授信、(大股东股权)抵质押借款都会联动，其实就是有一个财务风险的判断，各方都会马上踩刹车。”(东 I 3-17) “后来拿不到银行贷款，项目没法继续施工，达不到验收标准，垫资都收不回来，资金链问题就更严重了。”(东 I 4-27) “我们觉得他有问题了肯定要推迟落贷的……看见他们行业主要玩家都出问题了，成为谨慎行业，也不敢放贷了。这个项目没问题，但是这个钱可能被用于救别的项目，发生风险传染，都收不回来。”(东 I 9-5) “这时候不仅不放贷，还要准备好抽贷的，信贷员每天在电脑前面坐着，有任何风吹草动就要率先行动，谁先到期谁的清偿次序就在前面，有时候还要坐绿皮火车去抢抵押资产，慢了就没了。”(东 I 10-14) “当时信用评级下调，还被执行了，市场反应很大，股价跳水，我们大股东还得追加抵质押，融资能力也降低了。”(沈 I 2-9) “(经营性)资产处置不应该发生在违约前，你知道后面有缺口了就应该提前考虑资产处置。”(温 I 1-26) “供应商看到我们财务危机了也得赶紧诉讼啊，更别说正常发货了，有时候下面的经销商都不打款了，觉得反正打过来也得破产，还不如等着诉讼仲裁了再说。”(雏 I 2-18) “因为当时全行业都是负面消息，但其实没有哪家龙头企业真的发生违约，然后我们就主动把我们的财务报告、账户、资金的情况跟主要的几个投资人反映，跟几个行长面对面地沟通，主要是避免他们不了解具体情况，就因为外部原因对我们收紧。”(蒙 I 2-27)

数据来源：调研记录，经作者整理。

其二，本书关注的不仅是当下持有的现金水平，还包括企业可获得的现金。这些可获得的现金包括一些成熟稳定业务的经营性现金流入（复星医药例）、大股东或企业相关方的再融资现金流入（蒙草生态例）和金融资产的处置现金流入（温氏股份例）。虽然在很多观测时点，这些现金流尚未实质性到账，但能确定的未来现金流入仍可作为还款来源，支持企业的现金流覆盖刚性兑付义务。比如温氏股份在 2017 年年底，账面货币资金仅有 11.29 亿元，而即将于一年内到期的刚性兑付义务却有共计 25.70 亿元，不过加上企业持有的、可以随时变现的 56.14 亿元金融资产后，现金覆盖刚兑尚有盈余。

安全样本案例的受访者通常表现出对流动性管理和现金覆盖还款额的重视。他们会根据企业经营活动现金净流入的预期水平控制企业的投资现金支出（复星医药例），会结合行业波动进行人民币理财产品的投资和处置以平滑企业主营业务现金流的波动，满足到期刚性兑付要求（温氏股份例），会在预期行业看跌存量融资的滚动存在不确定性时，积极寻求潜在的再融资资金并迅速达成交易，防范刚性兑付发生违约（蒙草生态例）。相较于危机样本案例以高额债务支持未来现金流不确定的创新业务（沈阳机床例），以银行流动性资金借款和信用债为不确定的融资环境下的公共事业项目垫资（东方园林例）和以全产业链高风险投资分散主业风险、以确定的还本付息债务资金支持不确定现金流入结构的股权投资（雏鹰农牧例），安全样本案例的实控人和财务部门总体上表现出对企业现金流稳健性的关注。

财务危机是现金流覆盖刚性兑付水平下降的过程，预期到此过程时，各主体在当下观测点就会做出反应，并且产生重大交互影响。金融机构方面，在观察到同行相似企业出现负面事件时，可能预期借款主体的财务危机风险，继而谨慎对借款主体放款，避免出现压贷断贷行为（东方园林例）。供应商等其他相关主体也会在预期到回款存在不确定时，关注主体的违约风险，采取断供、诉讼等策略（雏鹰农牧例）。而企业方面，也应在预期未来存在财务危机风险时，在当期进行流动性管理，提前通过资产处置、再融资等行为募集资金以应对未来到期的刚性兑付，甚至应对因金融机构预期财务危机而提前到期的刚性兑付（复星医药例、温氏股份例、蒙草生态例）。受访者相关的部分表述见表 3-6。

金融机构的抽资、供应商的断供和诉讼会加速企业的财务危机恶化，而企业被抽资或经营不善的负面信号又会激化金融机构的抽资挤兑。如果企业没能在财务危机初期通过积极流动性管理避免首次重大不利事件，就很容易陷入金融体系的负向交互作用，进入财务危机的恶性循环（雏鹰农牧例、东方园林例)。

财务危机过程中,很多主体的行为会发生在财务危机开端、财务危机初期,而非主要发生于深度财务危机期(当然,债权人诉讼、仲裁、资产锁定等行为主要发生在出现明确违约事件的财务危机后期,这里主要指债权人决定压贷、抽资还是续贷、展期)。考虑到多数金融机构存在提前到期或退回的选择权,企业的财务规划、财务危机治理应当更加积极、提前,这是为何多数具备财务稳健特征的企业会配置用于平滑流动性的金融资产(复星医药例、温氏股份例)的重要原因。无论是企业、金融机构、其他相关方都需要在观测点对企业未来财务危机过程进行预警,不仅需要预警结果,还需要精细化的财务危机时点、程度、原因。否则二分的预警结果将导致金融机构和其他相关方的过度反应,引导企业策略性违约,产生本可正常经营企业价值损失的囚徒困境。

3.3.2　财务危机过程预警框架应满足的三个需求

因此,需要构建一个满足如下三点需求的简洁的财务危机预警框架。

需求一,预警框架不仅应包含企业自身的业绩、风险和活动,还应当包括主要外部主体的相关活动与影响。

存在一个完备的框架对企业、外部主体(其实也是一种企业)的活动进行描述和经济后果的评价。企业的全部经济活动有多种分类方式。在早期工业时代,企业的主要经济活动就是经营活动(王竹泉等,2017),企业的资本规模和投资回报都集中于经营活动,而融资行为和经营活动之外的投资行为所占份额微不足道。随着企业业务、资本市场的发展,企业不仅雇佣劳务,还会构建大量长期资产;企业不仅使用自有资金,还会从银行、战略投资人处获得外部融资。于是投资活动和融资活动成为与经营活动同样重要的企业经济活动。

1992 年《国际会计准则》修订,企业从事的所有经济活动被分成三类:包括企业取得和处置长期资产及不包括现金等价物在内的其他资产的投资活动、所有导致企业权益资本或债务改变规模或结构的融资活动、不属于投资和融资活动的其他业务的经营活动。我国财政部颁布的《企业会计准则》沿用《国际会计准则》方法,将企业(不论是实体企业还是金融机构)所有经济活动分为经营活动、投资活动和融资活动。

这种互斥且完备的企业活动分类方法可以用于描述企业、供应商、债权人、战略投资人等企业自身及相关外部主体的所有经济活动。因此,如果能发现企业经营活动、投资活动和融资活动类目下各项业务或资产的现金流特征具有强同类相似性，这样的活动分类方式就可以既完备（包含企业全部活动）又精准（类目下再继续细分的科目间高度相关，继续细化拆分意义不大）地刻画财务危机过程中企业和外部主体的活动变化了。其中，外部主体的活动能表现在其对企业活动和现金流的影响中。比如金融机构的提前抽资，就会体现为企业债务突然到期，企业现金等货币资产和刚性兑付义务同时减少。

需求二，上述三类活动需要连续地反映在可以汇总、折现的现金流中，以支持主体在观测时点当下的决策。现金流的折现可以体现出时间价值，并使同一主体当期只有一个反映了财务危机过程的直观预警结果。

企业与外部主体都需要企业的财务危机预警以指导财务危机过程中的权衡和策略，需要使用企业常用的、相对标准化的三类活动的数据。根据《中华人民共和国公司法》和我国财政部颁布的《企业会计准则》，所有企业都需至少按年编制财务报表，包括利润表、现金流量表和资产负债表。不过，一方面，利润表只披露营业收入、营业成本、销售管理财务费用，只能笼统反映企业的投资和融资活动；另一方面，利润表是应记制的，不能反映实现的现金流。已有研究主要依赖的利润表数据其实是不充分的。

现金流量表则被法律法规要求必须以企业经营、投资、融资三类活动实现现金流形式披露，不同活动的变动可以通过现金流简单运算的方式汇总，且报表至少每年编制一次，较利润表而言更加符合现金流预警的需求。而资产负债表主要反映企业资产或负债变化，其中资产的价值（目前从资产负债表上只能知道金融资产的变现价值，其他资产主要是以账面价值被记录）和负债（尤其是包含提前到期条款的债务和或有负债）会随时间变化，会随外部主体信息、行为有所变化，会体现在企业投资活动和融资活动的现金流中，且同样至少每年披露，也符合预警需求。上述数据都可动态地支撑企业的财务危机预警。

需求三，上述纳入企业、外部主体活动影响的现金流折现还应当体现出企业财务危机风险的动态变化。

最终本书以企业现金能在多大程度上覆盖刚性兑付作为财务危机的判定条件，即公式(3-1)，其中 CF_t 为企业 t 期的现金，P_t 为企业当期的刚性兑付义务。

$$CF_t \geqslant P_t \tag{3-1}$$

此外，作者还发现，企业或投资人的行为并非在财务危机发生后突变，而是基于财务危机预期进行调整。这并不仅仅表现在资本市场上一些上市公司股价的反应上，还体现在企业资产处置和再融资、金融机构抽资和断贷的行为中。而这些行为会与企业财务危机程度的现状发生交互，典型的情景是企业的资产处置可能引起资产进一步贬值、金融机构挤兑抽资加剧企业流动性困境，如表3-6的典型证据所示。因此描述企业财务危机程度需要将企业、金融机构及其他相关主体未来预期考虑在内，即公式(3-2)。

$$E_0(CF_t - P_t) \geqslant 0, \quad t = 1, 2, \cdots, T \tag{3-2}$$

于是，本章提出以三类活动现金流入覆盖刚性兑付的现值预警企业财务危机过程的框架。预警框架结构见公式(3-3)，下文会在此基础上继续细化迭代。

$$FSF = \sum_{t=1}^{T} \frac{OCIF_t - P_t}{(1+r)^t} + ICIF_0 + FCIF_0 \tag{3-3}$$

公式(3-3)借鉴现金流量贴现法(DCF)的表达形式，来反映主体对企业未来不同时刻能否偿付各笔刚性兑付的预期和行为如何影响了观测时点企业的财务危机程度。公式(3-3)左边代表企业的财务稳健系数(Financial Stability Factor，FSF)，稳健系数越高，企业现金流覆盖刚性兑付的程度越高，当前企业财务危机风险越低，或者说离刚兑违约越远。因此可以定义财务危机风险(Financial Distress Risk，FDR)等于财务稳健系数的相反数，也就是说，FDR越高，企业越容易或越临近刚兑违约，财务风险越高。

公式(3-3)右边的参数描述框架评估企业财务危机程度或风险，即现金流覆盖刚性兑付的程度，因此公式(3-3)中窗口期截至企业最后一笔刚性兑付的到期日，即 T 是最长一笔刚性兑付的期限。

本框架需要包含企业的三个活动。公式(3-3)右侧有描述企业经营活动的 $OCIF$、描述企业投资活动的 $ICIF$ 和描述企业融资活动的 $FCIF$。

本框架需反映企业和相关外部主体的相互影响。在公式(3-3)中的表现可能是，供应商是否向企业正常发货、经销商是否及时向企业回款影响企业每期的 $OCIF$，企业资产处置变现行为和资产买方愿意支付的现金影响企业的 $ICIF$，而企业能否成功获得母公司或大股东注资、银行放贷和增发股票融资影响企业的 $FCIF$。特别地，公式(3-3)中，经营活动的现金流每期都会发生，而目前资产处置和再融资产生的现金只基于观测时点水平发生，我们将在第4章拓展此点。

本框架需反映企业的资金缺口。在公式(3-3)中表现为企业经营活动现金流是否超过当期的刚性兑付 P，不足部分还可以资产处置和再融资的现金流补足。此处的刚性兑付既包括会在经营活动中发生的刚性兑付，如向员工支付薪酬、向供应商结算货款等；也包括投资活动中必须支出的投资刚性兑付义务，若放弃投资会导致企业被追诉巨额违约款或在竞争中失利发生巨大损失；还包括融资性负债的还本付息刚性兑付义务。如果企业三类经济活动的现金流入不足以覆盖刚性兑付，则被预警。

本框架需反映财务危机的时间价值，因此越临近的资金缺口越影响企业和外部主体权衡，公式(3-3)中用贴现因子对不同的资金缺口赋予权重，越临近的缺口权重越高。贴现因子所用折现率为企业长期借款利息率。

3.3.3 作为刚性兑付还款来源的确定性现金流

公式(3-3)反映了本章提出的财务危机预警框架的思想，不过并非所有预期的经营活动现金流入、投资活动现金流入和融资现金流入都能作为刚性兑付的还款来源，而只有其中确定的部分可以。

已有的学术研究除了沿用政策法规的分类，从经济活动层面将现金流分为经营活动、投资活动和融资活动三类外，对企业的现金流少有其他分类维度。会计学学者可能将资金按照资金回收期长短分为流动资金和非流动资金(张路、张瀚文，2017)，按照来源分为股东投入的自有资金和债权人投入的借入资金(王文利等，2020)，按照资金配置和价值创造方式分为通过产品经营(经营活动)创造价值的资金和通过资本经营(投资活动)创造价值的资金(王竹泉等，2020)，等等。现金流量表中除了标准的三类活动分类方式，还会在三类活动下，按现金流的来源拆分出更细的分类，具体可以参见用直接法编制现金流量表的会计科目，如经营活动的现金流就有“销售商品、提供劳务收到的现金”“购买商品、接受劳务支付的现金”“支付给职工及为职工支付的现金”等。不过会计学对资金的分类多基于历史、账面的特征，而非基于现金流未来发生的特征。

金融学学者会更多地讨论未来现金流。但他们对未来现金流是按照现金流分配对象来分类的，最典型的是自由现金流思想(Gordon，1974)。自由现金流思想将经营活动产生的现金流分成了分配给债权人的利息和本金、分配给少数股东的股息和分配给多数股东的股权自由现金流，可以将企业整体自由现金流贴现或股权自由现金流贴现，来计算企业整体价值和企业股权价值。不过在讨论自由现金流来源时，学术研究常常将企业当作一个黑匣子，企业作为一个整体产生息税前利润(EBIT)。实践中，分析师可能会按业务对企业的现金流入进行估计，比如将滴滴按照打车、快车、专车等分类评估各项业务的净利润，再合并并调整折旧摊销、运营资金变动、财务费用等后，通过间接法估计企业的自由现金流，对企业估值。基于业务板块对现金流进行分类能更精细地评估企业自由现金流，支撑其价值增长空间，但对企业财务风险评估的意义有限。

本书出于预警企业财务危机过程的目的，提出一种新的对企业未来现金流进行分类的维度，即现金流的确定性。确定性主要指该笔现金流入（流出）的时间和规模确定。这种新的分类维度有如下两方面特征。

其一，现金流的确定性依赖于企业经济活动的特征。

从经营活动角度，业务现金流入可能有确定与否的差别。一个典型案例是某并网后的光伏发电厂每月会按照脱硫煤电价获得国家电网的收入结算，此外刚进入新一批新能源补贴项目清单，有一笔确定的政府补贴电价收入，但尚不确定补贴何时能到账。脱硫煤电费结算的现金流入是高度确定的，而政府补贴收入存在不确定性。经营活动的现金流出也有确定与否的差别，比如员工薪酬、合同约定支付的供应商欠款是确定的，而一些违约金额较小、放弃投资的损失小的约定投资现金流出则比较灵活。

从投资活动角度看，一些处置资产的现金流入可能在时间上具备较高确定性，如果是提前预警的特定时期的流动性缺口，企业可以筹备并及时变现资产，但现金流入规模可能存在一些不确定性。一些流动性高的资产，如投资的银行理财，变现规模很确定，企业投资的上市公司股票变现规模在临近处置时比较确定，这些高流动性资产变现的折价较低。而一些流动性低的资产，如企业的一些非核心项目或子公司，处置时（尤其是大额刚兑到期前处置时），可能面临折价问题。特别是一些经营性资产的处置，虽满足了当期资金缺口，但会降低未来经营活动的现金流入。

从融资活动角度看，具备较高确定性的可能有控股股东或母公司持有的现金或高流动性资产变现价值，大股东可能有较强动力维持控股权并保持企业正常经营。相较而言，银行授信、审批通过的增发，在企业财务表现不佳时可能无法实现，现金流入的确定性较低。现金流出方面，企业未来向债权人还本付息的现金流出、已公告的股息分红流出是确定的，已宣布未来若干年内股票回购计划现金流出则不确定。

其二，确定的现金流是企业偿债来源，不确定的现金流是企业股权价值的来源。

本书提出，企业（主要是其业务、项目）现金流的确定性影响其资本结构。确定的现金流是企业负债能力的基础，不确定的现金流是企业股权融资能力的基础，图 3-1 展示了企业现金流确定性与资本结构的关系。因此，

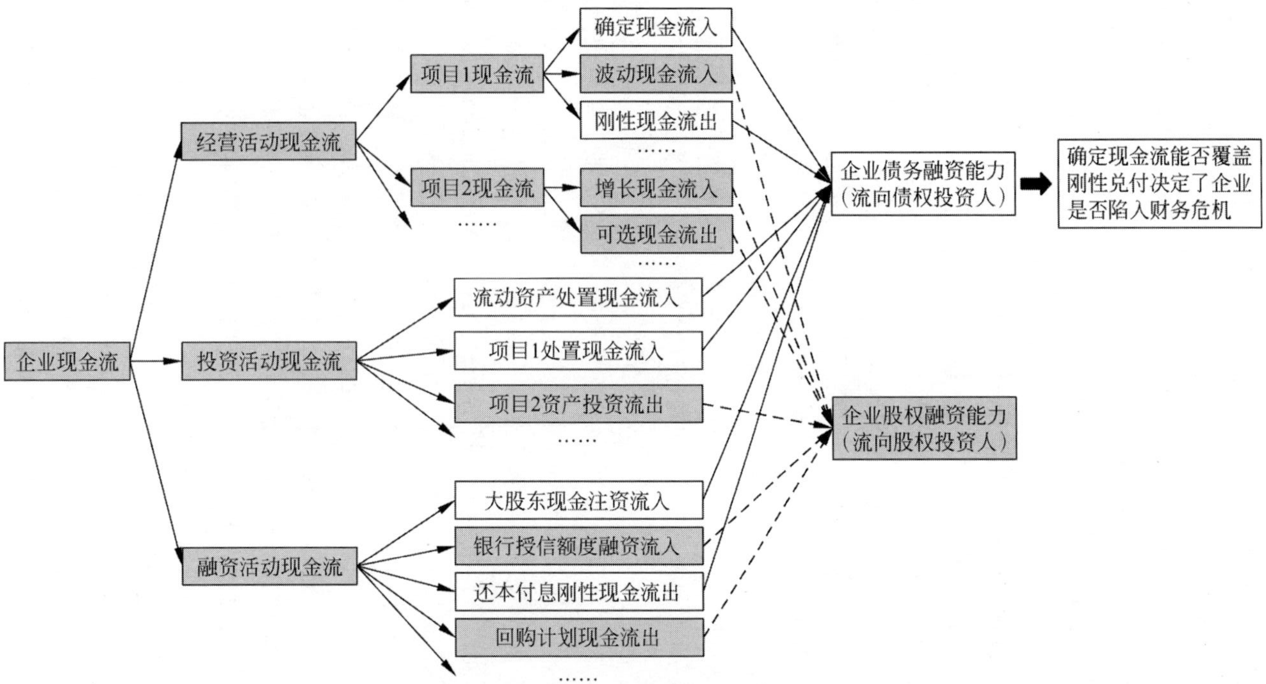

图 3-1 企业确定性现金流影响资本结构的示意图

数据来源：作者整理。

企业未来刚性兑付发生时，确定性现金流是否覆盖刚性兑付决定了企业是否会陷入财务危机。企业未来确定性现金流覆盖刚性兑付后的确定净现金流现值，可以描述企业财务危机程度或预警企业财务危机过程。

这种分类维度将企业的现金流来源与分配联系在一起。就作者所知，目前尚无其他联系企业现金流来源与去向的金融研究，这是因为现金流入企业后就混杂在一起，正如很难区分特定现金流出究竟是由哪笔现金流入支持的。除了通过特殊条款或项目公司锁定还款来源，很难锁定企业偿债资金是来自于经营活动现金流入还是借新债的资金，很难分辨企业回购股票的资金是来自经营活动现金流入还是举债融资募得的资金。但有时区分现金流来源又是重要的，其可以支持企业的策略选择和投资人对企业经营的评价。

如果现金流能按照确定性分为确定性现金流和非确定性现金流，可能解决一些企业或投资人的问题。如果企业融资性负债的偿债刚兑能维持在未来确定性现金流范围内，那么企业举债进行股票回购、借更多新债还旧债就可能是在优化远低于偿债能力的负债水平，即便这种行为看上去增加了企业财务风险，并且投资人总是无法分辨回购资金、偿债资金是否来自经营活动的现金净流入。只要企业未来刚兑现金流出在确定性现金流的范围内，就很难发生财务风险，企业的举债（包括融资性负债和经营负债）扩张可以是稳健的，避免了财务危机的损失。

因此公式（3-3）被进一步迭代为公式（3-4）。经营活动、投资活动和融资活动的现金流需要这三类经济活动中确定的那部分。

$$FSF = \sum_{t=1}^{T} \frac{DOCIF_t - OP_t - FP_t}{(1+r)^t} + DICIF_0 + DFCIF_0 \tag{3-4}$$

公式（3-4）是一般情况下财务危机过程预警框架的表现。通常来说，企业在经营活动中可能面临员工薪酬、供应商结算等刚性兑付义务 OP（Operating Payment），这些构成企业经营活动的确定现金流出。企业在融资活动中可能面临债务还本付息义务 FP（Financing Payment），这些构成融资活动的确定现金流出。而投资活动中，企业少有刚性投资支出义务，即便签订投资合约，也可以付出少量违约金额取消投资，通常不能构成投资活动的确定现金流出。

为了更好地聚焦本书的研究目的，出于如下三点原因，公式（3-4）被简化为公式（3-5）。第一，本书关注企业资本结构、债务风险，较经营活动的刚性现金流出更关注债务融资活动的刚性现金流出。第二，经营负债的债权人比较集中，且由于历史交易关系，较一般的金融机构更加信任企业，更容易谈判、放松刚性兑付要求。第三，由于数据可得性问题，经营活动的刚性兑付义务很难确定兑付时间、规模，将其纳入经营活动现金净流入反而更容易估算，而且其原理与债务刚兑义务相同但种类比债务刚兑复杂。

$$FSF=\sum_{t=1}^{T}\frac{DONCF_t-FP_t}{(1+r)^t}+DICIF_0+DFCIF_0 \tag{3-5}$$

因此公式(3-5)中，将公式(3-4)的经营性刚性兑付(OP)并入确定的经营活动现金流入 $DOCIF$(Deterministic Oprating Cash Inflow)中，合并为确定的经营活动现金净流入 $DONCF$(Deterministic Operating Net Cash Flow)。融资活动的偿债确定现金流出仍保留为 FP。

在使用公式(3-5)时，需要将每期发生融资性负债刚性兑付的时刻作为需要预期现金流的时刻，并预期当期能产生的可用经营活动确定现金净流入。接着将 FP 与 $DONCF$ 相减，考察每期是否存在现金缺口或现金盈余。最后作者将每期的缺口或盈余按长期借款利息率折现到当下，再与当前的确定性资产处置和再融资现金流入相加，若确定性现金流无法覆盖刚性兑付，则企业存在财务危机风险，或者说，企业陷入财务危机。而且此缺口越大，财务危机风险越高，财务危机程度越严重。

需要特别指出三点。第一点，企业的确定性再融资现金流入可能有大股东现金注资、增发等股权形式的再融资和银行授信借款、发行债券等债务形式的再融资。公式(3-5)中只应计算非债务形式的再融资现金流入，原因是债务性再融资会同时提高当前现金流入和未来的刚性兑付，且理论上以企业借款利率将未来刚性兑付现金流出折现后应与当下债务再融资金额相同，因此不会为企业带来确定性现金流入。而股权性的再融资却可以增加确定性现金流入而不引起新的刚性兑付义务，应计入企业确定性再融资现金流入中。

第二点，由于实践中常站在每年年末对企业进行财务危机风险评估，企业能计算并披露其一年后需偿还的刚性兑付，还会披露当前资产状况、银行授信、获准增发等。公式(3-5)还可以通过仅考察下一年的确定性现金流入能否覆盖一年后的刚性兑付，来判断是否存在资金缺口，对短期内的财务危机风险进行预警。

第三点，在评估企业是否会陷入财务危机时，暂不考虑企业引入再融资扩张业务规模并影响企业未来确定性经营活动现金净流入的情景。本书关注危及企业持续经营的企业财务危机，多是企业债务人对企业兑付违约的诉讼。本书研究企业是否陷入财务危机这一核心标准。因此，在本框架下，需要关注的问题是企业是否有维持履行兑付义务的能力。企业的再融资仅发生于企业出现融资缺口，需要再融资偿付仅靠经营活动确定性现金净流入无法完成的兑付义务，此时再融资并不涉及对业务活动的投资或规模的扩张。此时，再融资现金流入后，主要用途是偿付到期债务，而对企业未来确定性现金流的影响，主要发生在债务再融资的情景下，企业还本付息的刚性兑付义务随之改变，而如果是股权再融资，企业分红义务并非刚性，暂不考虑其对企业未来确定性现金流的影响。

3.4　对 DCFB 框架的验证和完善

3.4.1　刚性的兑付现金流出(FP)

本小节主要关注企业融资性负债的刚性兑付现金流出。对于企业内部，融资性负债刚性兑付的信息搜集整理是简单的。不过银行只能知道企业有多少信用债、银行贷款，而不清楚其他银行的贷款还本付息的规模和时点。外部投资人和供应商等其他利益相关方信息通常更少，只知道公募债的还本付息规模和时间特征。

作者在调研过程中发现，企业自身获取融资性负债的刚性兑付信息成本较低，这些信息都明确反映在企业的融资合约中。刚性兑付的现金流出判定难点主要有二。

难点一是，对于其他利益相关方，如何获取关于企业刚性兑付义务的信息并反映其变化。企业的融资性负债主要有三种，银行贷款、公募债和包括信托租赁等融资工具的其他负债。企业会将银行贷款按短期借款和长期借款披露在合并报表资产负债表及其附注中，不过年报中只能看到未来一年内到期的短期借款和一年内到期的长期借款的规模，以及不在未来一年内到期的长期借款规模。每笔银行贷款的还本付息特征并不总会披露。公募债的还本付息特征能清楚展现在该笔公募债的募集说明书中。企业在债券存续期间每年的年报中还会在第十节和十一节中简要说明该笔债券的还本付息特征和偿付进展。不过，其他融资性负债的信息披露不是强制的，沈阳机床案例披露的交银金融租赁交易可以说明其通过引入租赁公司缓解了自身资金压力。一些被提及的能反映企业融资性负债刚性兑付义务动态变化的关键科目参见表 3-7，关键科目表中未特别说明的，均来自企业年度报告。

表 3-7 刚性兑付义务信息来源科目与效度的证据援引

副范畴编码	关键科目与典型证据援引
刚性兑付时点(P1)	债券募集说明书——第四节增信机制、偿债计划及其他保障措施——“公募债的付息日期会有详细披露。这一小节还会被要求披露偿债资金来源，不过公司信用债大多是来自日常经营所得现金流，这里会通过 EBITDA 利息保障倍数等会计指标对企业经营偿债能力进行佐证。”(温 I 1-22) 第十一节财务报告——二、合并财务报表——“资产负债表里面会对有息负债进行披露，不过偿还时点可能看不出来，少数企业能对财务报表附注的短期借款、长期借款注释说明，但这不是强制的，外部投资人能确定的只是下一年 12 月 31 日之前和之后到期的债务。”(温 I 1-30) 第五节重大事项——十六、重大合同及其履行情况——“企业的对外担保关系都应该披露在担保情况里面，其实有很多担保是全资子公司的，这种按你说的应该算作企业自己的融资性负债，主要是一些对外担保。担保金额和担保期限一般也会披露，不过不会到实际借款人的还本付息时点这么细。”(东 I 2-45)
刚性兑付规模(P2)	债券募集说明书——第二节发行概况——“首先就是要说明发行规模、票面、期限等”(沈 I 2-17) 第十一节财务报告——二、合并财务报表——“资产负债表里面能看到下一年到期的债务规模和之后到期的债务规模，这是确定的，但你要问具体每笔刚兑的规模和日期，这一般看不到。这不是强制披露的，而且对企业来说也有信息披露成本。”(蒙 I 1-29) 第十一节财务报告——七、合并财务报表项目注释——“有的企业会在附注里面说一些大额借款的偿付时间和规模，不过这不一定，多数企业还是只按照要求分短期长期披露了。”(东 I 2-34)
不确定条款与极端情景(P3)	债券募集说明书——第二节发行概况——“常见的条款都会披露一下的，有没有调整利率选择权，投资人能不能强制回售，企业能不能回购，还有这些权利的行权有效期，这是交易所要求清楚说明的。”(东 I 2-41) 债券募集说明书——第三节风险因素——“一些主要的投资风险是要求披露的，发行人方面的风险的话，其实跟年报里面差不多，还是宏观或者行业层面的风险为主……发行条款在极端情况下的影响有的也会说。”(温 I 1-27) 第四节管理层讨论或经营情况讨论——二、主营业务分析——“证监会要求我们在这里要披露行业新公布的法律法规、规章制度、行业政策对行业和企业的影响，当年清库政策出来之后我们就写了‘PPP 规范化管理是未来的重点，对于民营 PPP 龙头是新的机遇’，当年各大环保公司都是这个看法。”(东林 I 2-26)

数据来源：调研记录，经作者整理。

难点二是，刚性兑付有时存在时间不确定性，并可能引起财务危机的恶性循环。即便企业详尽披露各笔刚性兑付的时点和金额，多数债务暗含的选择条款会使确定的刚性兑付现金流出的测算变得复杂。受访样本案例的多数债务合约是包含选择条款的，不论是外部投资人能在公募债募集说明书中看到的发行条款(尤其是投资人强制回售条款和债务交叉违约条款)，还是不容易被外部投资人获知，甚至被企业忽略的银行贷款的提前到期条款。受访的东方园林金融中心副总裁表示："我们没有想到银行也会提前让我们把本息打过去，银行贷款是银行可以在重大不利时宣布债务提前到期的，但我们那时候还没有出现一笔刚性兑付违约，主要是一次发债失败、一次技术性违约，那次技术性违约是银行系统的问题导致的利息没有到账，跟我们没有关系。不过银行看到那么多环保企业都爆雷了，就让我们提前还款。"这些提前到期的选择权在债权人挤兑抽资时，会对企业的流动性造成短时间的重大负面冲击。

本章的框架测试主要基于样本企业的公告，尤其是年度报告。在企业每年年底进行财务危机过程预警时，作者能看到企业将于下一年内到期的短期借款和非流动负债，还能看到企业将于一年后到期的长期借款和公司债券。由于受访样本企业的长期借款通常为 5 年，为了简化分析以呈现本章分析框架的主要思想，作者将企业刚性兑付分成两批，一批是下一年到期的刚兑，即企业短期借款和一年内到期的负债，另一批是第二年到第五年间到期的刚兑，即企业的长期借款和债券，并将其简化为在此四年间均匀分布。

3.4.2　确定性经营性现金净流入(DONCF)

沈阳机床和复星医药分别属于机床行业和医药行业，均是研发密集型行业。沈阳机床和复星医药每年的研发支出占营收比常超过 5%，过去 10 年两家企业研发支出占营收比如图 3-2 所示。

沈阳机床于 2016 年发生亏损，2017 年被戴帽"ST"，2019 年 7 月首次出现债券违约，同年 12 月被重整。而复星医药的研发支出占比持续高于沈阳机床，其财务管理一直非常稳健，虽然流动比率、速动比率一度降低至 0.76、0.61，低于同期沈阳机床的 1.32、0.82，却没有出现流动性困境。

这两家样本企业业务集中度高，研发投资规模大，收益规模和期限不确定性很高。已有成熟产品的销售收入是主要的现金流入来源。由于经营活动现金流能按照确定的成熟产品和不确定的新产品简单分类，很适合作为确定性经营活动现金净流入的对比研究案例。

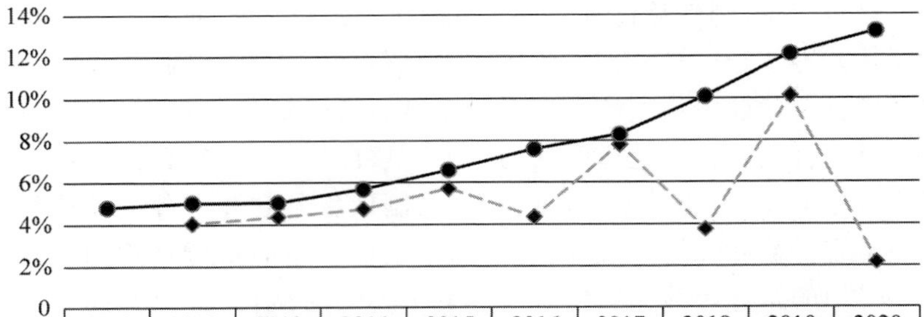

	2011	2012	2013	2014	2015	2016	2017	2018	2019	2020
沈阳机床	—	4.06%	4.37%	4.74%	5.71%	4.37%	7.82%	3.78%	10.13%	2.19%
复星医药	4.82%	5.04%	5.05%	5.69%	6.60%	7.60%	8.30%	10.10%	12.12%	13.21%

-◆- 沈阳机床 —●— 复星医药

图 3-2 样本案例研发支出占营收比变化图

数据来源：公司年度报告，经作者整理。

沈阳机床从 2007 年开始研发 i5 高端智能机床，希望打破国外厂商对数控系统、高技术附加值机床的垄断，产品于 2014 年投产。受访的沈阳机床前董事长描述 i5 机床的巨额研发投入："从 2006 到 2018 年，i5 机床的研发投入大概有 30 亿元，其中 9 亿是软件开发成本，另外 21 亿元其实是试错成本。此外还有产品开发、厂区改造，总投入大概能到 100 亿元。"研发投入高于全年营收。

2014 年投产后，i5 机床的市场推广并未达到预期。2016 年年末 i5 销售业务贡献了总营收的 22%，但由于定位偏差没能充分满足客户需求，部分利润以应收账款的形式实现，并未形成现金流入。与复星医药具有优帝尔、优立通等心血管、代谢治疗药品和牙科器械耗材，血袋等三大类成熟、稳定的产品线、销售线不同，沈阳机床的已有低端机床业务正于 2011—2016 年逐步下滑，年营收从近 100 亿元降至折半，且受访者已认识到"原有业务低端市场的削减、内战是必然的趋势"。沈阳机床的原始业务很难贡献确定性经营活动现金净流入。

2017 年，为了推动用户使用 i5 机床，沈阳机床创新地使用按时长租赁的方式推广产品。沈阳机床与地方政府合作共建园区、基础设施，投放 i5 机床，向当地企业租赁。根据访谈记录和受访者提供的资料，i5 机床售价约为 25 万元，毛利率约为 25%，而租金约为每年 5 万元，因此直接成本都需要 3.75 年才能收回。考虑园区开工率在严冬和酷暑会降低到仅有 25%，沈阳机床投放成本回收期更长，资金压力更大。

由于原有业务的衰退和创新业务不达预期，沈阳机床需面对经营性活动现金净流出和研发支出的巨大资金缺口。沈阳机床却选择以借款的形式进行弥补。2014 年以来,沈阳机床多次以表 3-8 所列的方式进行债务融资,而没有进行过股权融资,即使其股价在 2015 年 5 月前还保持增长;也几乎没有处置资产或业务获取流动性。2014 年,沈阳机床还将价值 5 亿元的 i5 机床卖给交银金融租赁获得现金,由其出租给用户,不过承担了租赁期间承租人违约的全额担保责任,相当于承担了占当时净资产近 20%规模的或有负债。

表 3-8 沈阳机床 2014—2018 年间债务边际变化(单位:亿元)

项　目	2014	2015	2016	2017	2018
质押借款		0.3	1.0	−1.7	7.6
抵押借款			0.3	12	−12
保证借款	14.7	10.8	14.2	0.4	−2.8
信用借款	−16.1	−9.9	14.8	−10.5	−3.1
短期借款小计	−1.4	1.2	30.3	0.2	−10.3
质押借款	−0.2	−0.2	−0.8		
抵押借款		5.8	−0.4	−5.0	
保证借款	7.0	4.6	6.8	−18.4	
信用借款	13.6	7.2	−8.8	−13.2	7
债券		15.0		−10	
长期有息负债小计	20.4	32.4	−3.2	−46.6	7
有息负债合计	19.0	33.6	27.1	−46.4	−3.3
收回投资的现金流入				0.1	
处置资产的现金流入	0.0	0.0	0.0	0.0	0.3
处置业务的现金流入					
投资活动现金流入	0.0	0.0	0.0	0.1	0.3

数据来源:公司年度报告,经作者整理。

作者进一步基于受访者对沈阳机床原有业务和创新业务提供的信息,还原了每个关键时点下企业高管对未来确定性现金净流入的预期。在 2014 年年底,企业高管基本认同原有业务正在并将持续下行,但 i5 机床刚刚投产,无法形成未来确定性经营现金净流入的预期。到了 2016 年,原有业务出现大幅下滑,创新业务未能打开市场局面,但通过租赁模式确定了未来租金流入。直到 2017 年、2018 年,企业出现大幅亏损,原有业务和创新业务的销售模式受影响成为不确定的业务。据此,作者运用公式(3-5)对沈阳机床的现金流覆盖刚兑水平进行测算,对于不确定的关键指标通过补访相关受访者的方式完善,形成表 3-9 所示的测算结果。由于篇幅限制,测算的步骤和过程见附录 A。

表 3-9　沈阳机床 2014—2018 年财务危机程度变化

运算科目与步骤	2014	2015	2016	2017	2018
预期原有业务净流入	38.89 亿元	41.55 亿元	26.31 亿元	13.32 亿元	0.00 亿元
与未来五年变化率	−10.00%	−10.00%	−24.51%	−38.19%	0%
新业务预期销售净流入	0.00 亿元	0.00 亿元	0.00 亿元	0.00 亿元	0.00 亿元
与未来五年变化率	0.00%	0.00%	0.00%	0.00%	0.00%
新业务预期租赁净流入	0.00 亿元	0.00 亿元	3.27 亿元	7.81 亿元	7.81 亿元
与未来五年变化率	0.00%	0.00%	0.00%	0.00%	0.00%
预期创新 i5 业务净流入	0.00 亿元	0.00 亿元	3.27 亿元	7.81 亿元	7.81 亿元
与未来五年变化率	0.00%	0.00%	0.00%	0.00%	0.00%
确定性经营现金净流入	38.89 亿元	41.55 亿元	29.58 亿元	21.12 亿元	7.81 亿元
与未来五年变化率	−10.00%	−10.00%	−20.50%	−17.57%	0.00%
确定性经营现金净流入现值	142.23 亿元	151.67 亿元	86.69 亿元	61.16 亿元	32.99 亿元
确定性资产处置现金流入	0.06 亿元	0.06 亿元	57.13 亿元	42.60 亿元	19.20 亿元
确定性融资现金流入	3.83 亿元	27.61 亿元	12.92 亿元	1.13 亿元	0.54 亿元
确定性现金净流入规模	146.12 亿元	179.34 亿元	156.74 亿元	104.89 亿元	52.73 亿元
融资性负债规模	110.44 亿元	144.66 亿元	173.06 亿元	136.80 亿元	123.46 亿元
或有融资性负债规模	5.00 亿元	5.00 亿元	5.00 亿元	5.00 亿元	5.00 亿元
刚性兑付现金流入现值	115.44 亿元	149.66 亿元	178.06 亿元	141.80 亿元	128.46 亿元
确定性现金流覆盖刚兑水平	30.68 亿元	29.68 亿元	−21.83 亿元	−36.91 亿元	−75.73 亿元
是否存在短期财务危机	否	否	否	是	是

数据来源：公司年度报告，经作者整理。

需要指出的是，沈阳机床衰减中的传统业务和 i5 机床的租赁业务被划分为确定性业务，理由有二。首先，这是受访的高管自己的判断，作者认为内部管理层相比于作者和其他外部主体更了解业务现金流的确定性水平，高管的判断是重要参考依据。其次，调研信息也支持了高管的判断，传统业务虽然在衰减，但部分租赁、交易合同还在执行期间，确定性高，而 i5 机床业务一直没有找到稳定可靠的销售模式，只有少量租金能够依托租赁合约构成确定性经营活动现金流入，但租金收入规模很小。

作者不是简单地依据新业务或旧业务对沈阳机床的经营活动确定性进行评估的。而对于复星医药、温氏股份等，被定义为确定性业务的现金流均是依托受访者自身的描述，作者复查发现被定义为确定性业务的活动确实具备成熟、稳定的盈利模式，同样不是由业务新旧决定的。

该财务危机过程描述框架显示，沈阳机床的财务危机程度从 2014—2018 年逐年加重，且于 2016 年年中被财务危机预警。2014 年，高管预期下确定性经营现金净流入的现值仅有 142.23 亿元；彼时沈阳政府还在积极鼓励沈阳机床追求 500 亿元年营收的体量目标，沈阳机床不会考虑处置资产变现贡献确定性资产处置现金流入；而其母公司沈阳机床(集团)有限责任公司在母公司层面并不持有大量现金或高流动性金融资产，并不贡献确定性融资现金流入。因此，沈阳机床的三类确定性现金流贡献了 146.31 亿元偿债能力，企业刚性兑付义务 110.44 亿元尚在偿债能力范围内，确定性现金流覆盖刚兑水平为 30.68 亿元。

2015 年，沈阳机床确定性现金流覆盖刚兑水平继续下降至 29.68 亿元。直到 2016 年，由于企业原有业务发生大幅下滑，而企业还在借助母公司信用进行期限越来越短、融资成本越来越高的债务融资，沈阳机床会产生 21.83 亿元的缺口。作者发现，如果每季度末都对沈阳机床进行财务危机风险评估，则沈阳机床的确定性现金流覆盖刚兑水平会在 2016 年 6 月转正为负，首次被预警。

作者将企业 2016 年 6 月被预警的结果反馈至受访者时，受访董事长表示这个结果具备预警的意义。“我是在 2017 年年初觉察到有资金问题的，当时就找了地方政府，希望通过司法重整的方式甩掉历史包袱。但当时因为没有出现明确指征，而且 2016 年 7 月地方政府刚下发了《关于支持沈阳机床集团 i5 战略计划的实施意见》，对 2016—2018 年每年 i5 机床的销量和产值列出了详细指标，提议没有被采纳。”

2016 年 9 月、11 月，沈阳机床陷入两笔重大诉讼，分别被诉没能履行交货和回款义务，发生逾期。此事件标志着沈阳机床出现一定流动性问题，政府下发的刚性投资计划在此后可以放松，部分资产可以通过处置变现产生确定性资产处置现金流入。

2017年，沈阳机床原有业务继续下行，企业陷入流动性困境，信用贷款到期后被银行收回。沈阳机床需追加起初并未被充分抵押的土地使用权和房产获得抵押借款，当年开始抵押直接影响生产经营的生产机械设备和在建办公楼，受限资产占总资产比从2016年的13%提高到22%，新增受限资产规模占其间平均净资产的118%。2017年12月6日，沈阳机床母公司将持有的上市主体29.39%股权抵押，融资了10亿元，用于收购沈阳机床非i5机床业务，并同时获得了上市主体的共计70亿元负债。沈阳机床在当年实现1.08亿元盈利，但还是没能改变其确定性现金流与刚性兑付义务之间36.91亿元的缺口，并可能在短期内出现债务违约。

到了2018年，沈阳机床原有业务被吸收并入母公司，确定性经营活动现金净流入进一步降低，确定性现金流与刚性兑付义务之间的缺口扩大至75.73亿元，被预警可能在短期内出现债务违约。

最终，沈阳机床于2019年8月出现首次债券违约，债权人向法院申请重整。2019年12月20日，中国通用技术集团正式重整沈阳机床。曾经的全球第一走向了清算重整的结局。在访谈中回忆企业盛极而衰的过程，受访董事长反思："沈阳机床走到这一步，完全是我们主动的战略选择的结果……我犯的错误是用商业银行贷款去支持长期研发投入。"长期研发投入的i5机床，开展"共享租赁"模式后对园区的设备投资并不能产生确定性现金流入，与银行贷款、公募债券的刚性兑付特征是不匹配的。

与沈阳机床不同，复星医药的核心产品一直贡献着稳健的原有业务现金流。叠加复星医药母公司复星高科持有的现金、金融资产和上市公司股票抵押融资能力，复星医药基本维持财务稳健，如表3-10所示。即便复星医药2015年年末的流动性财务指标处于预警范围，其确定性现金流仍然超过其刚性兑付义务12.15亿元。

不过，由于2018年复星医药股价腰斩，确定性的大股东股权质押再融资现金流大幅降低，导致2018年年末的复星医药确定性现金流不能充分覆盖刚性兑付义务，出现70.91亿元的缺口，但并无在短期内债务违约的预警。不过这只是在业务规模不增长的最保守预期下出现的。作者进行保守增长率估计的根据是受访者建议，"确定的部分就是现在找我们的医院还有客户会长期信赖和选择我们的产品……要假设未来的增长率其实不是最确

表 3-10 复星医药 2014—2018 年财务稳健程度变化

运算科目与步骤	2014	2015	2016	2017	2018
预期成熟产品现金净流入	6.75 亿元	8.82 亿元	12.70 亿元	15.53 亿元	17.75 亿元
与未来五年变化率	0.00%	0.00%	0.00%	0.00%	0.00%
预期医疗服务板块现金净流入	0.68 亿元	0.90 亿元	1.17 亿元	1.38 亿元	1.37 亿元
与未来五年变化率	0.00%	0.00%	0.00%	0.00%	0.00%
预期成熟器械产品现金净流入	0.24 亿元	0.70 亿元	0.86 亿元	0.91 亿元	0.89 亿元
与未来五年变化率	0.00%	0.00%	0.00%	0.00%	0.00%
确定性经营现金净流入	7.67 亿元	10.42 亿元	13.87 亿元	16.91 亿元	19.12 亿元
与未来五年变化率	0.00%	0.00%	0.00%	0.00%	0.00%
确定性经营现金净流入的现值	34.25 亿元	48.19 亿元	64.14 亿元	78.20 亿元	85.84 亿元
确定性资产处置现金流入	33.35 亿元	41.73 亿元	35.58 亿元	42.68 亿元	22.60 亿元
确定性融资现金流入	30.95 亿元	31.29 亿元	39.18 亿元	88.42 亿元	52.72 亿元
确定性现金净流入规模	98.55 亿元	121.21 亿元	138.91 亿元	209.30 亿元	161.16 亿元
刚性兑付现金流入现值	78.07 亿元	109.06 亿元	112.21 亿元	202.93 亿元	232.07 亿元
确定性现金流覆盖刚兑水平	20.48 亿元	12.15 亿元	26.70 亿元	6.37 亿元	−70.91 亿元
是否存在短期财务危机	否	否	否	否	否

数据来源：公司年度报告，经作者整理。

定的”。不过，只要复星医药的核心业务收入规模能保持 21.30%的年增长率(此前三年的规模增长率最低为 33.2%)，复星医药的确定性现金流就能覆盖刚性兑付义务了。所幸 2019 年复星医药股价基本回升至此前水平，再融资能力回升，其确定性现金流又能稳健地覆盖刚性兑付义务了。

复星医药不仅有稳健的经营活动现金流支撑其刚性兑付还款，还有母公司贡献的强大的确定性再融资能力，其与沈阳机床案例的差异不仅仅在确定性经营活动现金流方面。不过，如果考虑复星医药是一家民企，尚能依托业务现金流保持财务稳健，作为国企和地方经济支柱企业的沈阳机床如能因原有业务迅速下行而放弃短时间大笔研发开支，或利用与高风险研发活动更匹配的股权融资工具，其具有比民企更强的再融资优势。由沈阳机床与复星医药的对比研究可知，确定性经营活动现金流足以构成描述和评估企业财务危机程度的关键因素，出现在公式(3-5)的右侧分子式中。

此外，作者结合调研结果，在这些样本案例的公开信息中，尽量匹配企业的经营活动确定现金流分析依据。受访样本的企业高管表示，他们通常会将业务的介绍和细项分布财务数据汇报于年度报告中第三节、第四节和第十一节，会将经营负债和融资性负债的情况汇报于第四节、第十节和第十一节。一些被提及的能反映经营活动现金净流入规模和确定性变化的关键科目参见表 3-11。

表 3-11 确定性经营活动现金净流入的关键科目与证据援引

副范畴编码	关键科目与典型证据援引
业务活动的确定性(O1)	第三节公司业务概要——一、报告期内公司从事的主要业务——“一般公司的年报都会有这部分，对公司的业务做一些介绍，这里面我们主要结合行业增长空间讲一些自己在市场份额、经验技术、研发能力和特定业务板块的优势，不过没太介绍关于业务现金流的确定性，这个应该大家都主要讲增长，因为是给股票投资人看的。我们的年报里就主要是关于 i5 机床、共享经济模式的，但主要是说比上一年的增长。”(沈 I 2-31) 第四节管理层讨论或经营情况讨论——二、主营业务分析——“经营情况讨论里面会把我们分部的一些收入成本披露出来，不过也不像你们说的具体到哪些项目的收入确定性，主要还是按业务板块来，然后我们医药业务板块会有些核心产品的收入成本信息，也不是现金流。不过这并不是要求的，属于自愿披露。我们主要是通过数据说明核心产品会保持增长，对下行风险的讨论比较少。”(蒙 I 1-16)

续表

副范畴编码	关键科目与典型证据援引
确定的现金净流入(O2)	第四节管理层讨论或经营情况讨论——十、公司面临的风险和应对措施——“这里主要是结合主营业务的一些行业风险、我们业务模式的一些风险去阐述,包括一些收入的结算和验资确认,但一般就是从公司整体上说,不会从具体的业务板块甚至项目公司说。其实多数还是比较宏观、中观的风险。”(东 I 2-23) 第十一节财务报告——二、合并财务报表——“你能看到一些经营相关的现金流信息,比如利润和应收应付,但你要通过这些科目去推算各个子业务板块的确定的现金是比较难的。”(蒙 I 2-34) 第十一节财务报告——七、合并财务报表项目注释——“这里有一些营业收入和营业成本的细项,不过并不总是披露分部,我们就只列了主营业务和其他业务,比较粗,据我们所知,很多企业都是这样披露的。”(沈 I 2-26)
政策环境的特殊作用(O3)	第四节管理层讨论或经营情况讨论——二、主营业务分析——“证监会要求我们在这里披露行业新公布的法律法规、规章制度、行业政策对行业和企业的影响,当年‘清库政策’出来之后我们就写了‘PPP 规范化管理是未来的重点,对于民营 PPP 龙头是新的机遇’,当年各大环保公司都是这个看法。”(东林 I 2-26)

数据来源:调研记录,经作者整理。

不过,受访者均表示,企业年度报告主要是向股票投资者展示企业的未来增长价值,因此关于公司业务的介绍更偏向阐述业务的核心竞争力和行业市场增长空间,对业务现金流确定程度的披露不足。同时,对于企业的经营负债和融资性负债,并不必须披露各笔刚性兑付的期限和规模,而只是披露未来一年内到期的短期债务和之后到期的长期债务规模,只有少量企业会在财务报表附注中对部分贷款、债券刚兑义务进行披露。

一些受访企业同时发行了公募债券,需要向债权人披露年度报告,但其内容与面向股权投资人的公司年报基本一致,并未额外披露债权人关注的业务、资产、融资还款能力和确定性的相关信息。

3.4.3 确定性资产处置现金流入(DICIF)

温氏股份和雏鹰农牧同属农业,主营业务是生猪养殖。生猪养殖受猪周期的波动规律影响严重。猪周期是指三四年的“猪价下跌—淘汰母猪—供应减少—猪价上涨—母猪存栏上涨—供应增加—猪价下跌”的行业波动特点,大致如图 3-3 的上部所示,灰色时段为下行期,行业内大量生猪养殖户破产退出,集团公司生产、经营和资金压力提高。

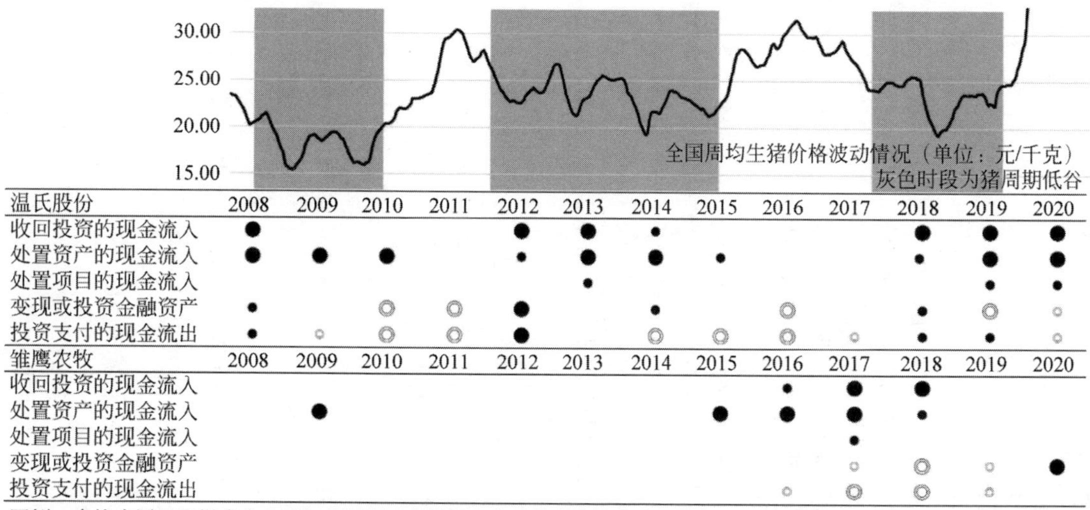

图例：表格中展示了样本企业当年处置资产变现资金占总资产比的大小，其中：●=变现资金占总资产比高于5%；•=变现资金占总资产比高于1%但低于5%；◎=投资支付的资金占总资产比高于5%或高流动性金融资产的净投资额高于1%；◦=投资支付的资金占总资产比高于1%但低于5%，或高流动性金融资产的净投资额占总资产比高于0但小于1%。

图 3-3　温氏股份和雏鹰农牧的资产处置变现行为、规模与行业周期的关系

数据来源：公司年报、公告，经作者整理。

温氏股份作为一家以肉鸡、肉猪养殖为主业的企业，上市以来，通过“公司＋农户”的轻资产委托养殖模式，以 30％左右的资产负债率保持着年均 10％的规模增长、产业链扩张，扛住了几轮行业下行冲击，成为食品行业市值排名第五的龙头企业。

生猪行业与上一小节的有一定成熟产品并在开发创新产品的机床、医药行业有所不同，生猪价格、存量的波动对全产业链产品甚至部分其他农产品的波动规律影响很大。有丰富行业经验的温氏股份高管能根据生猪市场的波动特性，对企业经营活动的波动趋势有一定预期，并采取措施抵御波动导致的经营、财务风险。在这方面，温氏股份和雏鹰农牧就选择了两种不同的解法。

温氏股份主要采用了上行期储备下行期可以处置变现的流动性资产的方式抵御风险。从图 3-3 可以看出，温氏股份的可处置资产投资行为有明显的“上行期投资，下行期处置”的特点，相较而言，雏鹰农牧则并不具备这样的资产配置规律。

此外，作者对温氏股份的确定性现金流覆盖刚性兑付水平进行了测算，发现其确定性资产处置现金流入与预期的未来确定的经营活动现金净流入有一定负相关的特征。在结合受访者意见后，作者对温氏股份的确定性经营活动净现金流入的波动特征进行了符合猪周期规律前提下的保守假设。如表 3-12 所示，在 2017 年、2018 年和 2020 年三个评估时点，温氏股份的确定性经营活动现金净流入贡献的现金流是低于企业可处置资产贡献的确定性资产处置现金流入的，为维持企业财务稳健性发挥了重要作用。

雏鹰农牧则选择了不同于温氏股份的方式，即通过全产业链布局来分散风险，并未配置很多流动性资产。雏鹰农牧为了更好地进行品控，偏向于“自有基地、委托养殖”的“公司＋农户”模式，本来就比温氏股份更“重资产”。此外，雏鹰农牧还是同行生猪养殖企业中最早开始布局全产业链的，投入大且分散，到 2017 年已经形成了包括饲料、养殖、物流、销售在内的一体化产业链格局，还开展了互联网(电竞)产业基金、供应商孵化投资、下游定制产品的研发和加工等业务。上市以来并未进行过股票增发，基本运用银行贷款、公司债券完成上述风险投资。这种分散风险的投资方向不确定性较高，且用伴有刚兑义务的债务融资支持，反而给初衷为分散风险的投资带来风险。

表 3-12 温氏股份 2016—2020 年财务稳健程度变化

运算科目与步骤	2016	2017	2018	2019	2020
预期成熟业务现金净流入	63.66 亿元	31.61 亿元	14.22 亿元	55.36 亿元	41.44 亿元
与未来五年变化率	保守波动	保守波动	保守波动	保守波动	保守波动
确定性经营现金净流入现值	117.61 亿元	62.24 亿元	29.54 亿元	109.84 亿元	89.33 亿元
确定性资产处置现金流入	97.26 亿元	112.78 亿元	105.83 亿元	87.03 亿元	100.28 亿元
确定性融资现金流入	15.90 亿元	12.94 亿元	14.19 亿元	18.21 亿元	11.84 亿元
确定性现金净流入规模	230.77 亿元	187.96 亿元	149.56 亿元	215.08 亿元	201.45 亿元
刚性兑付现金流入现值	0.00 亿元	59.47 亿元	71.32 亿元	70.99 亿元	194.76 亿元
确定性现金流覆盖刚兑水平	230.77 亿元	128.49 亿元	78.24 亿元	144.09 亿元	6.69 亿元
是否存在短期财务危机	否	否	否	否	否

作者评估了雏鹰农牧的财务危机程度变化情况。由于 2015 年雏鹰农牧变更了主营业务的分布标准，因此本次估算从 2015 年开始。2015 年、2018 年和 2019 年的经营活动产生了现金净流出，且并非由非经常性现金流造成，而是由生猪养殖业务被预期不能贡献确定的经营现金净流入造成。上行期雏鹰农牧将融资基本投向了难以变现的资产或业务，导致其自 2015 年起始终处于确定性现金流无法覆盖刚性兑付义务的财务危机状态，2017 年开始被预警存在短期财务危机。雏鹰农牧曾被投资人诟病财务造假，但证监会后续并未报告对雏鹰农牧高管团队的造假惩罚，可姑且依据其财务报表数据评估，其财务数据信息质量存疑。作者由于篇幅限制并未将雏鹰农牧 2015—2019 年的财务危机程度变化进行列示、备索。

确定性资产处置现金流入特征主要反映在财务报表中的资产负债表内，如表 3-13 所示，但有两点问题。其一，资产负债表中按资产的属性将各种企业的资产标准化到相应科目。就调研资料来看，公开信息中金融资产的处置通常不影响企业经营活动现金流入，但有一些存货或固定资产的处置是会降低企业未来经营活动现金净流入的。这种产生三类确定性现金流间交互作用的资产通常是企业主营业务的经营性资产，不过很难从资产负债表科目中进行区分。其二，资产中存在部分受限的、不可处置变现的资产，公开信息中并不总能找到，且披露格式多样化，数据处理难度大。

表 3-13　确定性经营活动现金净流入的关键科目与典型证据援引

副范畴编码	关键科目与典型证据援引
资产流动性的影响(D1)	第十一节财务报告——二、合并财务报表——“我们披露的交易性金融资产和可供出售的金融资产都是相对好变现的，我们也有一些上市公司股票和基金……有些存货也能处置，不过没有金融资产流动性好。”(复 P 4-6) 第十一节财务报告——二、合并财务报表——“我们对资产抵押价值的评估也与资产流动性有很强的关系，像存款、持有的国债地方债就不折价，金融资产的话，有的企业债和上市公司股票会调整成过去一年的最低价。不动产的话可能还需要一个资产评估程序，评估基本上就打了六七折了。如果企业第一还款来源没问题，我们可以按评估价值提供抵押贷款服务。”(东 I 5-16) 第四节管理层讨论或经营情况讨论——二、主营业务分析——“我们会披露一些截至报告期末的资产权利受限的情况，账面上的货币资金有一部分是银行承兑、保证金，不能用，固定资产、无形资产有的也已经被抵押了。但这不是证监会要求披露的。”(东 I 3-12)

续表

副范畴编码	关键科目与典型证据援引
资产与业务关联关系(D2)	第十一节财务报告——二、合并财务报表——“有些投资的基金和银行理财跟业务关系不大，不过存货，尤其是固定资产在建工程，就是我们的一些 BT 项目，关停并转了，未来产生现金流的能力就没有了。”(东 I 3-17) 第十一节财务报告——二、合并财务报表——“资产应该有一个处置次序，我们可能会先变现一些不影响业务的高流动性的资产，最危急的情况下只能处置掉一些经营性的、被折价的资产，因为它们既损失了资产，又影响了经营。”(温 I 2-31)

3.4.4 确定性融资现金流入(DFCIF)

东方园林和蒙草生态都是环保行业的龙头上市公司，前者专注于园林、水污染治理领域，后者专注于草原生态修复、治沙领域。在 2017 年 PPP“清库政策”颁布之前，这两家企业都是“PPP 大户”。东方园林每年新签订 PPP 项目合同规模曾达到当年总营收的 4.70 倍，蒙草生态新签合同规模则一度达到当年营收的 6.33 倍，是典型的尝试利用政策红利抢占市场的龙头企业，如表 3-14 所示。尤其是蒙草生态，其订单增长伴随大量金融机构借款，资产负债率显著提升。

表 3-14 东方园林和蒙草生态的 PPP 项目投资和负债增长过程

企业	项　目	2015	2016	2017	2018
东方园林	中标订单数量	6 个	26 个	50 个	45 个
	新签 PPP 项目合同规模	75.84 亿元	380.10 亿元	715.71 亿元	408.50 亿元
	新签合同规模与当年营收比	1.41 : 1	4.44 : 1	4.70 : 1	3.07 : 1
	资产负债率	63.83%	60.68%	67.62%	69.33%
蒙草生态	中标订单数量	1 个	3 个	10 个	7 个
	新签 PPP 项目合同规模	1.98 亿元	42.54 亿元	353.04 亿元	21.66 亿元
	新签合同规模与当年营收比	0.11 : 1	1.49 : 1	6.33 : 1	0.57 : 1
	资产负债率	51.20%	56.19%	68.55%	71.23%

数据来源：公司年度报告，经作者整理。

东方园林和蒙草生态都遭受了 2017 年 11 月出台的“清库政策”后的一系列冲击。不过，2019 年东方园林成了失信被执行人，实控人丧失控制权，而蒙草生态则最终转危为安。

结合第一章中东方园林决定继续拿单甚至垫资建设的风险分析，2017 年年底的东方园林并未预料到即便项目正常入库，作为优质投资标的也无法获得银行放款。也就是说，2017 年年底的东方园林高管团队预期，企业的现金流足够支撑东方园林继续拿单、投资，直到 2018 年 3 月底清库结果确定后银行审批放款。因此 2017 年的东方园林对 2018 年及以后的确定性回款是按项目正常验收进度预期的，2017 年年底预期的未来确定性现金流足够覆盖其当时的刚性兑付，如表 3-15 所示。

不过，到了 2018 年年底，出现了东方园林团队未预期到的金融体系不确定因素，银行因为观察到同业违约等行业重大不利而继续压贷、断贷，同时股票市场因为环保行业违约潮出现股价大跌，东方园林的再融资能力被用尽，无法支撑项目建设、验收、回款，于是确定性经营活动现金净流入和确定性再融资现金流入同步迅速下降，企业突然陷入深度财务危机和短期财务危机。直到 2019 年，实控人变更为朝阳区国资委后，企业借助国企信用获得再融资能力。

如果认知到东方园林在金融体系中可能遭遇的巨大融资摩擦，同时高管团队在 2017 年年底“清库政策”出台时能意识到项目贷款顺利到账并非确定性事件，那么在进行未来确定性经营活动现金净流入时就不会按照 102 个项目正常获贷、建设、验收、结算进行预期，而是仅预期 32 个已经获得银行贷款项目的正常回款。这样一来，认知融资摩擦后的东方园林可能不会在 2018 年继续高歌猛进、积极拿单、激进垫资、债券募资、抵押借款，而是更稳健地保持“不担保、不垫资、不贴息”的标准，稳步建设执行项目。东方园林很可能发生如表 3-16 所示的财务危机过程，将于 2018 年出现确定性现金流无法覆盖刚性兑付的缺口，但并非在短期陷入深度财务危机，仍有时间“关停并转”非核心项目或及时寻找合适的战略投资人。

与东方园林有所不同，蒙草生态的财务危机过程如表 3-17 所示。2018 年，蒙草生态的流动性水平快速下降，一些财务指标低于正常范围下限，与东方园林一样遭遇了信用评级下调和债券发行中止等负面冲击。不过由于信用水平、融资能力、品牌和规模弱于东方园林，蒙草生态并不具备依赖信用杠杆垫资扩张的能力，2018 年开始停止投标 PPP 项目，并且积极管理流动性，寻找财务投资人。2018 年 8—12 月，蒙草生态抵押多笔地方政府应收贷款，将部分地方政府应收款转让给资产管理公司变现，共计获得约 4 亿元现金；又通过大股东差额补足协议引入地方金融资管公司投贷联动资金，其中股权投资金额约 3 亿元，2019 年 1 月完成，贷款资金约 10 亿元，形成了确定性再融资能力。最终，规模、品牌、信用不如东方园林，净亏损 72.5%(2018 年同期东方园林净亏损仅 12.5%)的蒙草生态转危为安，没有发生债务违约，实控人控制权变更。

表 3-15 东方园林 2015—2019 年财务危机程度变化(融资摩擦认知局限)

运算科目与步骤	2015	2016	2017	2018	2019
预期执行项目现金净流入	9.21 亿元	15.68 亿元	8.76 亿元	0.00 亿元	70.31 亿元
与未来五年变化率	维持 2 年	维持 2 年	维持 2 年	0.00%	维持 2 年
确定性经营现金净流入现值	17.19 亿元	33.95 亿元	14.44 亿元	0.00 亿元	126.46 亿元
确定性资产处置现金流入	5.69 亿元	5.77 亿元	9.34 亿元	14.45 亿元	5.98 亿元
确定性融资现金流入	29.51 亿元	31.26 亿元	56.16 亿元	13.61 亿元	0.00 亿元
确定性现金净流入规模	52.39 亿元	70.98 亿元	79.94 亿元	28.05 亿元	132.44 亿元
刚性兑付现金流入现值	41.35 亿元	60.22 亿元	52.06 亿元	59.97 亿元	120.03 亿元
确定性现金流覆盖刚兑水平	11.04 亿元	10.76 亿元	27.88 亿元	−31.92 亿元	12.41 亿元
是否存在短期财务危机	否	否	否	是	否

数据来源：公司年度报告、调研记录，经作者整理。

表 3-16 东方园林 2015—2018 年财务危机程度变化(融资摩擦认知充分)

运算科目与步骤	2015	2016	2017	2018
预期执行项目现金净流入	9.21 亿元	15.68 亿元	8.76 亿元	8.76 亿元
与未来五年变化率	维持 2 年	维持 2 年	维持 2 年	维持 1 年
确定性经营现金净流入的现值	17.19 亿元	33.95 亿元	20.45 亿元	11.41 亿元
确定性资产处置现金流入	5.69 亿元	5.77 亿元	9.34 亿元	14.45 亿元
确定性融资现金流入	29.51 亿元	31.26 亿元	56.16 亿元	13.61 亿元
确定性现金净流入规模	52.39 亿元	70.98 亿元	85.95 亿元	39.46 亿元
刚性兑付现金流入现值	41.35 亿元	60.22 亿元	52.06 亿元	52.06 亿元
确定性现金流覆盖刚兑水平	11.04 亿元	10.76 亿元	33.89 亿元	−12.06 亿元
是否存在短期财务危机	否	否	否	否

表 3-17 蒙草生态 2015—2019 年财务危机程度变化

运算科目与步骤	2015	2016	2017	2018	2019
预期执行项目现金净流入	2.72 亿元	3.67 亿元	13.53 亿元	6.01 亿元	5.69 亿元
与未来五年变化率	维持 2 年	维持 2 年	维持 2 年	维持 2 年	维持 2 年
确定性经营现金净流入现值	5.07 亿元	6.82 亿元	24.34 亿元	10.81 亿元	10.24 亿元
确定性资产处置现金流入	1.64 亿元	4.07 亿元	6.59 亿元	5.18 亿元	2.27 亿元
确定性融资现金流入	1.43 亿元	23.65 亿元	29.35 亿元	39.41 亿元	46.13 亿元
确定性现金净流入规模	8.13 亿元	34.54 亿元	60.28 亿元	55.40 亿元	58.64 亿元
刚性兑付现金流入现值	8.48 亿元	19.13 亿元	29.67 亿元	53.85 亿元	60.93 亿元
确定性现金流覆盖刚兑水平	−0.35 亿元	15.41 亿元	30.61 亿元	1.55 亿元	−2.29 亿元
是否存在短期财务危机	否	否	否	否	否

数据来源：公司年度报告、调研记录，经作者整理。

蒙草生态之所以能及早进行积极流动性管理、放弃继续投资扩张，原因有三点。其一，蒙草生态高管团队和实控人本身具备风险管理、流动性管理的意识。其二，蒙草生态品牌、规模、融资能力等不如东方园林，不具备利用自身信用杠杆贷款支持其扩张、垫资的能力，因此在财务危机初期就只能放弃抢占市场了。其三，不同于东方园林的业务范围广、客户分散，蒙草生态业务集中于内蒙古地区，对地方经济发展、生态环境治理有一定影响。加之蒙草生态通过与地方政府的长期历史交易建立了信任机制，因此能在流动性财务危机初期获得地方资管公司、金融投资机构的救济。

东方园林其实也在“清库政策”以来，做出了流动性管理的努力，包括引入农银战略投资环保业务板块 30 亿元（首批 10 亿元增资在实控人变更前到位），争取华夏、兴业、广发等银行战略授信额度共计 64 亿元（变更前未实现），处置固废处理项目公司回款 11 亿元（变更前全部到位），非公开发行优先股 40 亿元（变更前未实现）等，但仍不足以满足大量集中到期的刚兑义务。尤其是随着财务危机的出现，各方金融投资人、供应商和下游客户争相挤兑，东方园林增发、授信等再融资能力还会丧失，刚兑集中到期，促使财务危机进一步恶化。在企业内部低估风险、认知不足和外部金融体系助长的作用下，更优秀的企业更激进扩张、更高杠杆、更快财务危机。

3.4 节中对案例企业进行测算的结果见表 3-3。可以看到，实际发生财务危机的案例都被 DCFB 模型预警，但存在复星医药和蒙草生态两家未发生财务危机却被误判的企业，不过这两家企业在 DCFB 模型下被预警的财务危机程度，即确定性现金流无法覆盖刚性兑付义务的缺口较小。总体上，DCFB 模型预警的效率、对企业财务危机预警的作用良好。

确定性再融资现金流入特征见表 3-18。其特殊性在于，随着财务危机程度的加剧，再融资现金流入的确定性会发生变化。一方面是债务融资，银行授信可能无法实现，债券发行可能失败或被中止实施，大股东追加股权质押借款也可能因为股价下跌或股票被“特殊处理”无法实现。另一方面是股权融资，获准的普通股、有限股发行可能失败，约定好的非公开发行可能被投资人在极端不利的情况下放弃。因此越临近财务危机、财务危机程度越严重时，再融资现金流的确定性越会有所降低，应被调整。

表 3-18　确定性经营活动现金净流入的关键科目与典型证据援引

副范畴编码	关键科目与典型证据援引
正常情景下的确定再融资(R1)	第十节公司债券相关情况——十、报告期内获得的银行授信情况、使用情况以及偿还银行贷款的情况——此小节一般会披露企业当年尚未使用的银行授信额度,在正常经营而非深度财务危机情况下,一般能通过申请、银行审批、放款的流程获得贷款 第十一节财务报告——二、合并财务报表——"沈阳机床 2015 年开始,将房屋土地抵押借款,到 2017 年开始抵押一些生产的机械设备,还有在建工程里面的办公楼,后来用尽了资产抵押能力,2018 年年末基本所有货币资金都受限了。"(沈 P 3-14) 关于发行某某金融工具审核通过的公告——"一般增发有一两年的时限,其间没有重大问题,比如你违约了、被'ST'了,是可以发行的,当然前提是有人买,东方园林 2018 年 5 月就是发债爆冷,10 个亿只发出去 5000 万,反而引起市场担心和评级下调。"(东 I 10-22)
来自大股东或母公司的确定性再融资能力(R2)	第六节股份变动及股东情况——三、股东和实际控制人情况——本节会显示大股东或实控人持股情况和股份质押、冻结情况,正常情境下未被限售的流动股可以通过股票质押向银行借款,再由大股东以借款等形式投向企业。不过一旦股价大跌可能有平仓风险 母公司资产负债表——有的母公司作为债券发行人公布了自己的财务报表,其中母公司资产负债表中的现金及其等价物、金融资产等正常情况下可以部分作为该企业的再融资来源
风险战略投资人的再融资确定性(R3)	与风险投资人的合作协议进展公告——"我们当时很早就去找金融公司了,但是 2019 年 1 月才披露出来……有些框架协议最后不一定能成。"(蒙 N 3-19)

本章利用跨案例研究对多个财务危机过程的共性关键变化进行抓取,提出了一个新的 DCFB 框架,即基于企业未来三类活动的确定性现金流覆盖刚性兑付水平的财务危机预警框架。然后以多案例对比研究对关键因素和预警框架进行了验证,并对三类确定性现金流的评估逻辑和应用科目进行了总结。

在第 4 章中,作者会在公式(3-5)基础上,将企业未来资产处置活动和再融资活动的确定性现金流入进一步细化,并基于具体实例,从企业视角应用该财务危机预警框架。在第 5 章中,本书从投资人的外部视角,在信息不完备的场景下,测试本预警框架是否提高了预警效率,贡献了有价值的信息。

第 4 章　DCFB 模型：信息完备的理想状态

4.1　确定性资产处置和再融资现金流入的发生时点

4.1.1　财务危机的加速过程："首次效应"及其作用

作者在进行危机样本案例调研时，发现负面案例都存在一个财务危机的加速过程，一般发生在首次违约或重大负面事件后。这会对基础的财务危机过程预警框架产生调整作用，避免首次违约是企业放弃持有资产和让渡收益权引入投资的原因，决定了企业产生未来确定性资产处置现金流入和确定性再融资现金流入的时点和规模。

企业财务危机是一个动态连续、多主体交互的过程。财务危机初期，确定性现金流覆盖刚性兑付水平逐渐降低，财务危机恶化速度慢。首次违约或重大负面事件后，企业未来确定性现金流覆盖刚性兑付水平可能迅速下降至出现缺口，紧接着就可能导致企业出现债务突然密集到期、连续债务违约、变更实控人、成为失信被执行人等后果。

这种首次负面事件包括在重大欠款诉讼中败诉、被突然下调信用评级、出现贷款或债券违约、公开发行融资工具失败等。东方园林于 2018 年 5 月发行公募债失败，在一年内接连发生被评级公司下调评级，股价大跌，大股东强制平仓，企业债券技术性违约，被债权人集中抽资，最终原实控人失去控股权。沈阳机床于 2017 年 4 月公告亏损后被"特殊处理"，随后两年内被首次下调评级，增发方案下调、增发失败，股价大跌、股票质押平仓，被诉欠供应商应付款违约，成为失信被执行人，债券违约。相较于东方园林 2015 年以来，甚至在"清库政策"出台后保持的高歌猛进，相较于沈阳机床 2011 年以来的业绩持续下行、2006 年以来几乎一直为负的经营活动现金净流量，一旦出现首次负面事件的冲击，样本企业就迅速进入一个不断被外部主体行为催化的财务危机加速过程。更多"首次效应"的加速作用例证见表 4-1。

表 4-1　“首次效应”财务危机加速作用的典型证据援引

主范畴	副范畴编码	典型证据援引
首次效应（F）	首次负面事件（F1）	“2018 年 5 月东方园林发债爆冷失败，原定 10 亿元融资额实际发行仅 5000 万元。这引起了行业震荡、评级下调，东方园林的高负债再次被关注。”（东 N 7-3） “沈阳机床再次被降为‘ST 沈机’，这意味着该公司已连续两年亏损，有退市风险。再加上大连机床、东北特钢违约的负面影响，沈阳机床新债发行失败，资金链进一步紧张。”（沈 N 1-5） “2018 年 6 月 14 日，一篇《独家重磅｜万字长文强烈质疑雏鹰农牧涉嫌严重财务舞弊》的文章横空出世，质疑雏鹰农牧涉嫌严重财务舞弊，怀疑其投资收益的合理性及真实性。一石击起千层浪，种种质疑铺天盖地，也影响了雏鹰农牧的债权人。”（雏 N 1-2）
	负面事件的信号作用（F2）	“可以肯定的是，2018 年那次发债失败就是我们整个财务困境的开端。”（东 I 1-24） “2017 年被‘ST’之后引起了很多连锁反应。”（沈 I 2-17） “2018 年 6 月雏鹰农牧被爆财务作假，当天就评级下调了，几天内有七八十家金融机构抽资诉讼的，争相冻结它的资产和账户，公司账户里的钱很快就用不了了。”（雏 I 5-4）
财务危机加速效应（A）	刚兑提前到期（A1）	“我明明是 2019 年 2 月份到期的借款，他要我 2018 年 12 月必须存到他的账户里，我不存就直接上征信了，那我其他的债务不就都受影响了？”（东 I 2-11） “需以年化 10％的回报率回购投资人股份，迫使核心经营资产提前被处置以应对偿债缺口。”（雏 I 3-6） “若企业财务状况发生实质性恶化……卷入或即将卷入重大诉讼、仲裁程序或其他法律程序……经营出现其他重大不利变化，均视为违约事件（债权人可以宣布提前到期要求偿还）。”（东 M 4-9） “由于此次短期融资券延期支付本息，客观触发了公司存续期内其他债券募集说明书中披露的‘投资者保护条款’项下的‘交叉保护条款’，根据该条款中宽限期的约定，发行人在出现触发情形的 10 个工作日内对债务进行足额偿还。”（雏 M 10-3）

续表

主范畴	副范畴编码	典型证据援引
财务危机加速效应（A）	经营活动受阻影响回款（A2）	“没几天我们的账户都被冻结了，打进来的钱银行直接拿走，我们也没办法正常跟供应商打款，很多项目马上就停了，没办法正常经营了。”（东 I 3-19） “舆论开始质疑企业的偿债能力，供应商也纷纷开始对其提请欠款违约诉讼。”（沈 N 8-2）
	资产处置折价（A3）	“已投项目未达阶段性回款标准无法回款，又难以短期内关停并转变现，关键就是都集中在一起了，他的刹车如果不是踩得这么紧急，其实我们是可以有序进行关停并转的，不至于发生违约。正常经营企业怎么可能平时储备这么多流动性资金呢？”（东 I 3-21）
	融资活动受阻（A4）	“当时我们大股东几乎用尽了资产抵质押贷款的资源了，大股东的股票质押，可以抵押的土地、房产等，到 2018 年年底，我们几乎所有货币资金都受限，很难再继续融资。”（沈 I 2-27） “本来谈好一个投资人，但如果银行账户都被冻结了，你钱进来是不能首先恢复正常经营，产生经营现金流的，只能是被银行拿去收回不良。”（东 I 4-12）

数据来源：调研记录，经作者整理。

“首次效应”的加速作用建立于两个基础之上。第一个基础是，企业的投资和融资行为相互影响。正常经营的企业存在两个循环，经营循环和融资循环，二者存在紧密的交互关系。

经营循环是指企业正常进行原料采购、生产加工和产品或服务销售的过程。此过程中涉及大量供应商应付账款的经营性负债，资本投入往往不仅依赖自有资金，还需大量外部股权融资或外部融资性负债，企业向下游交付产品或服务时又可能发生应收款。企业需要通过融资安排满足经营循环需要的现金流。

融资循环主要指企业从外部获取资金支持并分配回报的过程。企业的外部资金主要有股权投资者注资和银行贷款、信用债券等债权人投资。正常经营的企业从外部获取融资，投入生产并产生收益，并向股权投资人分配股利、向债权投资人还本付息。企业需要通过生产经营来获取分配回报的现金流。

这两种循环的交互关系会在下行期相互加强，形成加速财务危机的恶性循环。

行业调控的负面政策冲击一开始可能影响的是企业经营活动，比如环保企业可能因为 PPP 项目不能正常入库而无法按时结算获得回款。预期到这种企业经营回款风险的金融机构可能会观望压贷，甚至直接抽资。东方园林本来足够支撑很长时间的正常施工、项目验收、获得回款的经营循环就被银行抽资打破。经营循环的冲击被融资循环放大，企业因此更快陷入财务危机。

类似地，融资循环也会在下行期影响经营循环。在并未有项目被清库、未出现任何违约时，一次债券发行的失败突然让资本市场开始怀疑东方园林的偿债能力，信用评级机构下调评级，资本市场负面反应，股价大跌，包括增发、大股东质押借款、资产或项目抵押借款的再融资能力同步大幅减小。东方园林本来依赖外部融资支持的垫资施工无法持续，项目无法追加投资达到验收标准，经营循环也会被融资循环冲击，加速企业财务危机过程。企业的双循环交互过程可见图 4-1。

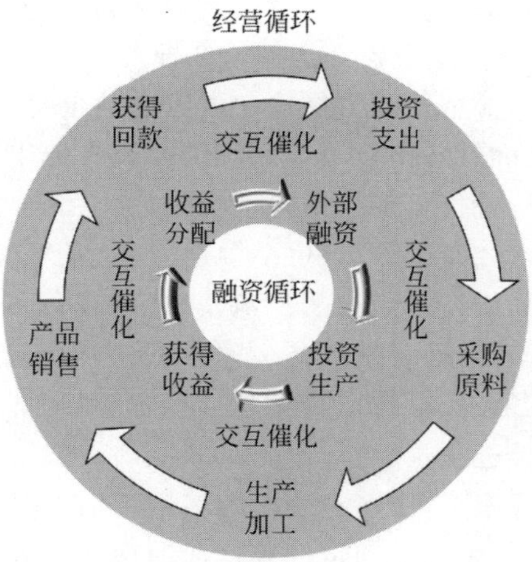

图 4-1　财务危机过程中企业双循环相互催化作用的示意图

第二个基础是，债权人缺乏借款人偿债能力和财务风险评估能力时，投资决策极大受到资产抵押价值和政策环境影响。

在我国特殊金融体系特征下，金融机构容易受政策环境影响，发生迅速、过度的反应。在扶持或调控政策颁布时，不具备借款人信用、风险评估能力的金融机构会几乎无差别地对扶持或调控行业的众多借款人放款或抽资。抵质押资产规模和应收账款规模和质量相当的企业对于银行是同质的，并不能因为未来确定性现金流规模和再融资能力的差异被区分。正因此，如东方园林这样的头部企业，在 2014 年财政部大力推广 PPP 模式时容易被银行追贷；在扩张期间由于具备更大规模、更优质应收和可抵押资产，更容易实现高杠杆；在 2017 年 PPP 模式被规范监管后，因用尽抵押资产、应收收益权获得高杠杆并投向调控业务，更容易被金融机构挤兑抽资。最终更具品牌价值、经验技术、信用等级、资产规模和订单优势的优质企业，可能反而更容易业务波动，陷入财务危机。

我国多数企业以银行贷款为主要的外部融资来源（马永强等，2021），银行的信贷策略、风控策略会对实体经济的发展、波动产生比西方金融机构更为广泛的影响。不过我国银行的信审技术创新是比较迟缓的，模仿了西方银行的抵押清算制度和金融产品服务（龚强等，2021），并非对借款人能否还款的信用评估技术的创新。

近期银行信审技术有所进步，但仍有局限。作者调研了广发银行、工商银行、北京农商银行等多家银行信贷部门，了解到近期银行总行层面也开始强调提供信贷服务需要回归企业的第一还款来源，工商银行某分行信贷部部长解释："现在我们不是主要看企业的抵押资产价值了，还会看重企业的第一还款来源。我们给企业的信贷额度可以说是企业第一还款来源和第二还款来源（抵押资产价值）的孰小者，也就是说如果企业第一还款来源不足，只是抵押资产规模、价值高，银行也并不会放款。"目前的信贷机制较银行早期的抵押清算机制已经有所进步，但继续追问，作者发现银行目前识别企业第一还款来源主要是通过企业的账户流水、应收账款和订单的客户信用及金额，能构成企业未来高确定性的还款来源的一部分，但并不完备。"然后用孰小值减去企业已经获得的债券和贷款余额，就是他可以获得的信用额度。"受访信贷部部长进一步解释。

在本章的分析框架下，银行对企业的信用评估方法还存在一定局限性。首先，企业的主要还款来源是确定性经营活动现金净流入，按照净利润间接法计算现金流的方法，可以通过公式(4-1)计算。其中仅包含了一些主要的可能产生确定性现金流入或流出的科目。因此银行识别的签订订单和高信用应收款，主要是公式(4-1)右侧第一项的一部分，即几项确定业务的收入，以及第六项的一部分，即一部分确定能收回的应收款，但并不构成企业确定性经营活动现金净流入的全貌。

$$
\begin{aligned}
CONCF_t = & \text{当期确定性业务或产品的确定净利润} + \\
& \text{当期确定的折旧与摊销} + \\
& \text{当期若存在融资缺口处置固定资产的折价损失} +
\end{aligned}
$$

当期确定的固定资产报废损失＋
当期确定的财务费用＋确定能收回的上期应收－
当期确定的未收到现金而产生的应收＋
当期确定的未现金结算而产生的应付－
确定需支付的上期应付款　(4-1)

其次，对于企业的确定性资产处置现金流入的评估，银行体系是具备优势的。不过目前银行评估资产处置价值的维度主要是按照资产的流动性、变现价值和是否便于锁定资产，基本不关注该资产对企业经营的重要性。事实上，企业的资产还可以按照经营重要性分成非经营性资产、经营性资产和核心资产。持有的金融资产、投资性楼宇、与经营无关的土地是可以作为非经营性资产被处置变现，而不影响企业未来的确定性经营活动现金净流入的。而一些与经营相关的资产，如一些非核心的业务或项目公司，是可以被处置变现，但同时会导致企业未来确定性经营活动现金净流入减少的。企业的核心资产，尤其是决定企业未来核心增长价值但经营活动现金流不太确定的，不是企业抵押、银行接受抵押的最优选择，一旦出现风险，将直接危及企业持续经营。

最后是企业的确定性再融资现金流入。目前，大股东可以将持有的上市公司主体股票抵押贷款，投向企业；母公司账面的现金或金融资产可以被抵押借款，投向企业，这两种确定性再融资现金流通过银行得以实现。没有重大不利信号时企业获批的增发、已获得的授信虽然可能是确定性比较高的再融资来源，但毕竟验资前仍有不确定性，并未被银行信审包含。

需要特别说明的是，上市主体的股票质押借款是鲜少被提及的另一种“金融加速器”机制，上行期股票价格上涨，质押贷款额度攀升，企业再融资难度、成本降低；下行期股价下跌，质押贷款额度降低甚至触发强制平仓，可能引起大股东流动性问题甚至波及企业自身——这种借款本身带来的杠杆和杠杆率随标的股票价值波动的顺周期效应，形成了“金融加速器”机制，放大企业投资、融资和经营的波动。考虑股价的波动会导致大股东股权质押融资额度大幅波动，必须审慎评估大股东股权质押的确定性再融资现金流入。目前银行常见的做法为按当前股价的 60%、70% 折价抵押，或者按过去一年的最低价格抵质押，但通常是近期股价被高估的企业（甚至结合我国资本市场特征，阶段性出现大量被高估的企业）寻求股票质押借款，借款人的主动选择又形成了另一层加速机制。

而 DCFB 模型可以缓解上述问题。本模型下，大股东股权质押被分成三种情形。情形一，大股东股权质押再融资将以债权形式流入。这种方式不会增加企业的确定性现金流覆盖刚性兑付水平，因为这种潜在的再融资能力同时提高了确定性再融资现金流入和大股东借款产生的企业刚性兑付义务。情形二，大股东股权质押再融资将以股权形式流入，且大股东和上市主体并未能进行充分的风险隔离。这种潜在的再融资能力同时提高了确定性再融资现金流入和或有负债风险传染引起的刚性兑付义务，因此同样不会增加企业确定性现金流覆盖刚性兑付水平。情形三，极为少见的大股东股权质押再融资将以股权形式流入，且大股东不会向上市主体传染风险。只有在这种情形下，大股东股权质押再融资能力能有效提高企业的确定性现金流覆盖刚性兑付水平。

因此，股权质押借款原有的三重“金融加速器”机制被缓解。情形一下，大股东质押借款并不能边际提高企业的财务状况，只能短期提高企业流动性。企业需要在借入大股东借款时明确确定性现金流还款来源；大股东需要在放款时考察企业偿付能力；银行则在向大股东放款时考察大股东从企业获得回款的确定性，而不仅仅是股票抵押价值。情形二下，企业因为或有负债、大股东因为银行还本付息义务而共同承担刚性兑付义务和违约风险。此时银行在评估该笔贷款还款能力时需将大股东和企业看作一个整体，评估大股东的还款能力(最终是大股东通过该笔股权投资获得企业回报的确定性现金流)而不仅是大股东的股票抵押价值。而情形三下，只有大股东承担了巨大风险时才能边际提高企业财务稳健性，如果大股东无法保障确定性现金流，银行也不会向大股东放款。如此，大股东股权质押的信审能紧密地与企业的信用、风险评估关联，股权质押借款的三种加速机制可以被大股东和银行的理性行为缓解。大股东股权质押的再融资现金流是否确定取决于企业的确定性现金流特征，质押借款的加速器作用因此被限制。

总体来说，“首次效应”会在我国金融体系信用和风险评估技术创新不足、企业强投融资循环交互作用的影响下，显著加剧、加速企业财务危机过程。企业财务危机并不是均匀的，而是会在首次重大不利事件后突然迅速恶化：银行授信、股权抵质押、审批通过的增发等确定性再融资现金流入几乎立即消失，资产处置现金流入也会因谈判地位降低而迅速减少，甚至确定性经营活动现金净流入也会因供应商为避免无法回款而断供等原因突然减少。“首次效应”会对本书财务危机过程预警框架产生截断的作用。

4.1.2 “首次效应”对基础 DCFB 框架的调整

“首次效应”的加速作用会使企业倾向于尽可能推迟首次违约事件的发生。在财务危机过程中，表现为企业会尽可能通过处置资产和争取再融资覆盖当期资金缺口，直至用尽各种现金流仍无法满足缺口。

这会对 DCFB 框架产生调整。此前公式(3-5)中，由于很难预期企业在 t 期的确定性处置资产和再融资现金流，因此是将未来的确定性经营活动现金净流入和刚性兑付贴现，并将其与当下的可处置资产变现价值和再融资资源求和，度量企业确定性现金流覆盖刚性兑付水平。

现在，如果考虑企业会尽可能避免首次负面事件，企业的确定性处置资产和再融资现金流入就能形成未来的预期了，公式(3-5)被拓展为公式(4-2)。在当期确定性经营活动现金净流入不足以偿付刚性兑付时，企业会按融资缺口处置资产或引入再融资避免首次违约事件。因此公式(3-5)中观测时点的确定性资产处置和再融资现金流入 $DICIF_0$ 和 $DFCIF_0$ 被分成两类，一部分在未来融资缺口出现时形成确定性现金流入弥补缺口，如有余额，剩余部分($DICIF_t$ 和 $DFCIF_t$ 按长期借款利息率折现后小于 $DICIF_0$ 和 $DFCIF_0$ 的差额)仍作为观测时点企业财务稳健系数的来源。

$$FSF=\sum_{t=1}^{T}\frac{DONCF_t+DICIF_t+DFCIF_t-FP_t}{(1+r)^t}+DICIF_{res}+DFCIF_{res} \tag{4-2}$$

具体做法是，如果第一期期末企业确定性经营活动现金净流入与刚性兑付相减出现现金缺口，则按缺口规模处置资产或再融资覆盖缺口以免出现“首次效应”。并且，如果通过再融资借款，比如发生大股东股权质押贷款并借款给企业，或者企业使用银行授信额度借款，那么未来会因此增加新的还本付息刚兑义务。如果第一期不存在缺口，则构建一个新的科目累计现金缺口或盈余，将第一期的现金盈余累加起来。

后续刚兑如不能被覆盖，则先用累计的现金盈余偿付，不足时处置资产或融资(需要指出的是，由于银行授信、获准增发通常有 12 或 24 个月的有效期，因此从第三年开始，即便有未使用的银行授信、获准增发，也因过期作废不能贡献确定性再融资现金流入)覆盖，直至无法弥补缺口产生首次负面违约事件。出现首次负面违约事件的年份为当下预警的财务危机时点。

也就是说，如果在 2015 年某企业没有预期未来会出现累计现金缺口，而在 2016 年，企业预期会在 2019 年第一次出现累计现金缺口，这意味着，企业 2019 年会发生首次违约，2016 年企业已经陷入财务危机，虽然可能财务危机程度较轻。

在完成未来确定性现金流覆盖每笔刚性兑付现金流出的测算后，可以得到三个产出。其一，观测时点的财务稳健系数。财务稳健系数为正时，此科目越大企业越稳健，可能存在未利用的债务融资能力，可使企业在保持低财务危机风险的同时实现投资和扩张。若财务稳健系数为负，则企业被预警，且系数绝对值越大，企业财务危机程度越强。其二，现金盈余或缺口科目的变化。此科目首次为负的时点是预警企业发生违约的时点，此时的 FP_t 是触发“首次效应”的一笔刚性兑付。若此科目未来存在负值，则当下企业被预警。其三，财务危机治理的分析依据。若企业被预警，可以通过财务危机过程中各项活动的确定性现金流入（包括经营活动中具体的业务或项目现金净流入）和刚性兑付现金流出，对企业财务危机成因进行分析和治理。此外，利用本模型，还可控制其他变量反推安全刚性兑付上限，以及资产处置、再融资的时点和安全下限，指导企业的资本结构和资源配置。

下面以沈阳机床 2016 年时点的未来确定性现金流覆盖刚性兑付水平变化的调整计算为例说明调整后的预警步骤。2016 年年底，沈阳机床一年以内到期的刚性兑付义务共计 121.14 亿元，而当年企业预期产生的确定性经营现金净流入为 29.58 亿元，因此存在 91.56 亿元的融资缺口。首先考虑以沈阳机床及母公司持有的金融资产共计 3.11 亿元补偿缺口，但仍存在 88.45 亿元缺口，只能以资产处置和再融资的现金流入偿还。此处为简化问题说明测算步骤，不对企业优先处置资产或优先再融资提出假设，而是令其均匀地使用各类现金流入。于是为补足 88.45 亿元缺口，沈阳机床会处置 72.58 亿元的经营性资产（目前为了简化问题，本节暂时使用资产账面价值的 60%计算资产处置现金净流入。事实上，这主要适用于资产而非项目公司的处置。沈阳机床在 2017 年将原有业务打包处置给母公司，或者东方园林向农银金融出售不高于 49%的环保业务股权，更可能是按照项目或业务的市值折价实现现金流入），使用 2.97 亿元的银行授信和 12.91 亿元大股东借款。因此预期 2017 年，企业的大额短期借款能被确定性现金流支撑，虽不贡献现金盈余，但至少不发生违约。

2018 年，企业因为处置了 77.22%的经营性资产，产生确定性经营现金净流入的能力仅为此前预期 23.13 亿元确定现金净流入的 22.78%，即 5.27 亿元。而因为 2017 年通过银行授信和大股东借款借入共计 15.88 亿元，沈阳机床 2018 年面临的刚性兑付义务包括 2016 年长期借款到期部分和新借款的还本付息义务，共计 30.30 亿元。因此产生 25.02 亿元的融资缺口，需进一步处置 20.53 亿元的经营性资产和借入 4.49 亿元借款补偿缺口。

到了 2019 年，企业产生确定性经营现金净流入的规模仅为 0.17 亿元，同时面临 19.03 亿元的到期刚兑，即有 18.86 亿元的融资缺口。此时经营性资产的可处置变现规模仅有 0.88 亿元，且考虑银行授信和增发的有效期通常为 12 至 24 个月，银行授信和增发现金流入不再确定，只有大股东质押借款可能贡献 0.16 亿元确定性再融资现金流入。因此沈阳机床将于 2019 年出现 17.82 亿元的现金缺口，首次发生负面违约事件。

基于上小节对"首次效应"的论述，一旦沈阳机床 2019 年出现首次负面事件，随后将遭遇金融体系抽资和经营、融资恶性循环，很可能迅速陷入深度财务危机，甚至破产重整。上述预警测算过程见表 4-2。

表 4-2　沈阳机床调整后在 2016 年预期的财务危机程度变化计算表（单位：亿元）

运算科目与步骤	F2017	F2018	F2019	F2020	F2021
确定性经营现金净流入	29.58	5.27	0.17	0.00	0.00
刚性兑付现金流出	121.14	30.30	19.03	15.19	15.78
融资缺口	−91.56	−25.02	−18.85	−15.19	−15.78
确定性资产处置现金流入					
非经营性可处置资产余额	0.16	0.00	0.00	0.00	0.00
经营性可处置资产余额	93.99	21.42	0.88	0.00	0.00
非经营性资产处置现金流入	0.16	0.00	0.00	0.00	0.00
经营性资产处置现金流入	72.58	20.53	0.88	0.00	0.00
确定性再融资现金流入					
母公司可用金融资产余额	2.95	0.00	0.00	0.00	0.00
母公司现金投资	2.95	0.00	0.00	0.00	0.00
未使用银行授信额度	3.84	0.87	0.00	0.00	0.00
可质押股东借款	16.72	3.81	0.16	0.00	0.00
使用银行授信借款	2.97	0.84	0.00	0.00	0.00
使用大股东借款	12.91	3.65	0.16	0.00	0.00
获准增发有效余额	0.00	0.00	0.00	0.00	0.00
进行增发融资	0.00	0.00	0.00	0.00	0.00
累计现金缺口或盈余	0.00	0.00	−17.81	−33.01	−48.78

数据来源：公司年度报告、调研记录，经作者整理。

本节论述了公式（4-2）中加入未来确定性资产处置和再融资现金流入的预警框架。在第 3 章框架下，企业确定性现金流覆盖刚性兑付框架可以评估企业当下的财务危机(稳健)程度和短期内是否会陷入财务危机。本节调整了第 3 章预警模型,进一步提供了一种预警企业何时会发生实质刚性兑付违约的测算方法,即累计现金出现缺口时。

4.2 一个信息完备的 DCFB 模型

本节阐述信息完备时 DCFB 模型的框架和全貌,第 5 章将从外部视角,阐述缺失信息时 DCFB 模型的使用与预警效果。

公式(4-2)的主要思想是企业使用确定性现金流偿付刚性兑付,并在无法履约时违约,在预期到未来会违约的当下就陷入财务危机,会受各方财务危机预期下行为的影响。本节基于此思想,以一个运营着多个同类项目的集团公司为例,结合企业运营时的具体科目,对现金流预警模型进行阐释。

需要特别说明的是,所有运营单位,无论是个人、家庭、个体工商户、合伙企业还是公司,无论是否存在能产生确定现金流入的工作或成熟产品、服务、项目,无论存在多少个稳定工作或成熟项目,无论是否存在殷实的亲属或持有大量金融资产的母公司、大股东,无论是否有、有多少可以变现的财产或资产,无论是否有、有多少无限连带责任的刚性兑付义务,本现金流预警模型均适用。大型集团公司可以被看作小型项目公司的合并。

4.2.1 确定的刚性兑付义务:时点、规模及其不确定性

DCFB 模型的第一步是确定未来每笔需要偿付的刚性兑付,包括其时点和规模,以及条款协议导致的兑付义务的不确定性。任何逾期、违约可能会导致企业无法维持持续经营的兑付义务都属于刚性兑付。

事实上,企业需要支付的应付供应商款项、职工薪酬等也属于刚性兑付,因为发生违约后,供应商、职工等也可以诉讼企业并申请冻结资产或账户,影响企业持续经营。财务危机预警的第一步是整理统计所有的刚性兑付,包括融资性负债和经营负债。不过此处与第 3 章一致,关注融资性负债的刚性兑付现金流出。所以在第一步只需计算出融资性负债的刚性兑付,经营性负债已在第二步计算确定性经营活动现金净流入时被考虑在内,因为经营活动现金净流入是扣除经营负债刚性兑付之后的净值。

企业的融资性负债种类很多,包括银行贷款、公司债券、信托产品或资产管理计划、融资租赁等。每笔融资性负债的到期时间均不相同,且存续期

间可能涉及多笔本息偿付时点，全部发生刚性兑付义务的时点会将企业未来分成若干时段。记未来最后一笔刚性兑付时点为 T，其间每笔刚性兑付发生时点在 0～T 分布。刚性兑付时点的分布可能是不均匀的，但这并不重要。比如 T 为 5 年，其间在第一年末、第一年又一个月、第二年发生了刚性兑付，可以将 T 拆分为 60 个月，则刚性兑付发生于 t 为 12、13 和 24 时点。每一笔刚性兑付时点都会发生特定规模的一笔刚性兑付 P。如图 4-2 所示。

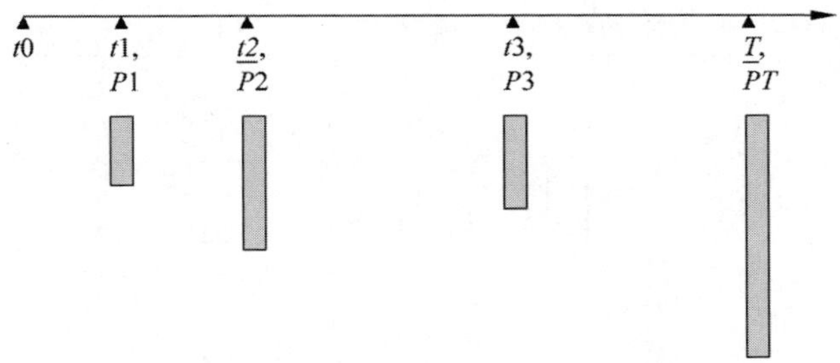

图 4-2　现金流预警模型第一步：识别刚性兑付现金流出

其中，部分刚性兑付义务可能伴随着灵活性条款，债权人可能选择行使强制回售条款、提前到期条款或有交叉违约条款，会导致该刚性兑付提前到期。这部分刚性兑付义务会被特殊处理，如图 4-2 中有下画线的两笔刚性兑付。模型假设这些刚性兑付会在出现首次负面违约事件时全部到期。

4.2.2　基准的确定性经营活动现金净流入

现金流预警模型的第二步是评估未来确定性现金净流入。本小节以一个项目公司为例进行解释。有的企业可能有多个项目公司，或多个产品线、多个业务板块，可以对每个项目公司进行单个项目的确定性经营活动现金净流入分析，再将所有项目的确定性经营活动现金净流入在时间维度上合并，即可得到公司整体的未来确定性现金净流入的分布。

以一个项目公司为例，其可能发生采购、投资、销售等活动，有的项目公司还会独立融资（常有母公司担保）。每项活动都可能产生现金流，需要评估其中确定的部分。以采购活动为例，不确定能达到的销量所需的可变原材料采购支出不应被包括，而只应包括在确定性销售规模范围内的或已支付保证金签合同的原材料的采购。这些确定的原料采购活动也不一定实际发生相应的现金流出，而是应当考虑其间是否需要结算上一期的供应商应付款和这一期的采购实际上发生多少现金支出，最终构成公司确定性的原材料采购活动现金流出。采购活动不仅有原料采购，向固定职工而非不确定工时的临时工支付的薪酬也是一种人力资源的采购。投资活动应当包含确定需投资，如果放弃投资则面临大额违约金或失去竞争优势的投资行为。销售活动也只应包含确定的现金流入部分，同样需考虑上一期应收款的回款和当期销售实际发生的现金流入。这些经营活动确定性现金流被放入相应的刚兑时段内，如图 4-3 所示。

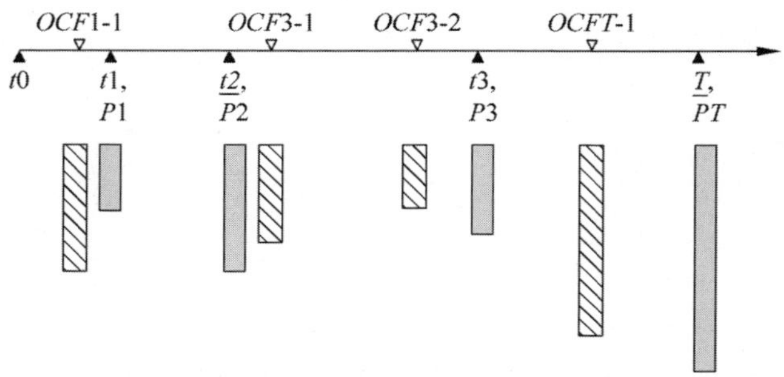

图 4-3 现金流预警模型第二步：加入基准情景的确定性经营活动现金净流入

在实践中，企业对项目公司经营活动进行上述确定性识别并不困难。作者已实地为几家企业测算过，他们的主要项目公司基本都会有项目可行性分析报告。在分析报告中，了解业务特征的项目部和财务部的员工会对项目未来的现金流结构进行分析，上述销售、采购、投资等都会分细项体现在项目可行性分析报告中。图 4-4 就是一份集团公司对一个光伏电站投资项目的可行性分析报告中的表格，其中浅灰底色部分就是该公司项目部员工认可为确定性现金流的科目。在使用现金流预警模型时，使用者只需在项目表格中筛选保留其中的确定性部分，并将现金流按当下预期更新、确认应收应付现金流已体现在科目现金流中，即可形成该项目公司确定性经营活动现金流的分布预期。

4.2.3 融资缺口的产生及影响

4.2.3.1 融资缺口的产生

将每期的确定性经营活动现金净流入与刚性兑付义务相减后，可以得到如图 4-5 上部所示的直接缺口。其中 $t1$ 和 $t3$ 期间项目公司存在确定性现金流盈余，$t2$ 和 T 期间项目公司存在直接现金流缺口。

融资后现金流明细表																			
年份（年末）	计量单位	合计	建设期		运营期														
			2018年1月	2019年1月	2019年12月	2020年12月	2021年12月	2022年12月	2023年12月	2024年12月	2025年12月	2026年12月	2027年12月	2028年12月	2029年12月	2030年12月	2031年12月	2032年12月	2033年12月
第n年	年		0	1	2	3	4	5	6	7	8	9	10	11	12	13	14	15	16
投资-项目建造支出	万元	110,000	20,000	75,000	5,000														
铺地流动资金支出	万元	6,000	3,000																
投资-现金净流入	万元	-116,000	-23,000	-75,000	-5,000	0	0	0	0	0	0	0	0	0	0	0	0	0	0
含税脱硫煤电价收入	万元	65,797	0	1,500	3,000	2,970	2,940	2,911	2,882	2,853	2,824	2,796	2,768	2,741	2,713	2,686	2,659	2,633	2,606
含税政府补贴收入	万元	76,763	0	1,750	3,500	3,465	3,430	3,396	3,362	3,328	3,295	3,262	3,230	3,197	3,165	3,134	3,102	3,071	3,041
增值税即征即退50%收入	万元	0																	
碳交易收入	万元	0	0	0	0	0	0	0	0	0	0	0	0	0	0	0	0	0	0
CDM收入	万元	0	0	0	0	0	0	0	0	0	0	0	0	0	0	0	0	0	0
经营-现金流入小计	万元	142,559	0	3,250	6,500	6,435	6,371	6,307	6,244	6,181	6,120	6,058	5,998	5,938	5,878	5,820	5,762	5,704	5,647
实缴流转税	万元	9,869	0	225	450	446	441	437	432	428	424	419	415	411	407	403	399	395	391
实缴所得税	万元	0																	
付现经营成本	万元	0																	
经营-现金流出小计	万元	9,869	0	225	450	446	441	437	432	428	424	419	415	411	407	403	399	395	391
经营-现金净流入	万元	132,690	0	3,025	6,050	5,990	5,930	5,870	5,812	5,753	5,696	5,639	5,583	5,527	5,472	5,417	5,363	5,309	5,256
借入资金	万元	90,200	2,200	88,000															
支付借款利息	万元	104,500	0	4,180	4,180	4,180	4,180	4,180	4,180	4,180	4,180	4,180	4,180	4,180	4,180	4,180	4,180	4,180	4,180
归还借款本金	万元	88,000	0	0	0	0	0	0	0	0	0	0	0	0	0	0	0	0	0
向小股东分红	万元	13,269	0	303	605	599	593	587	581	575	570	564	558	553	547	542	536	531	526
筹资-现金净流入	万元	-115,569	2,200	83,518	-4,785	-4,779	-4,773	-4,767	-4,761	-4,755	-4,750	-4,744	-4,738	-4,733	-4,727	-4,722	-4,716	-4,711	-4,706

图 4-4　一份典型的项目公司投资价值测算表格

数据来源：调研材料。

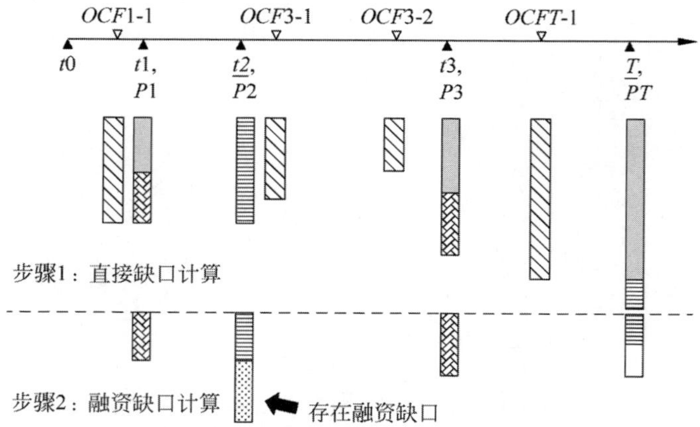

图 4-5 现金流预警模型第三步：融资缺口的产生

发现直接现金流缺口后，可用往期累计的现金流盈余进行偿付，仍不能偿付的部分，构成项目公司的融资缺口，如图 4-5 下半部分所示。项目公司在 $t2$ 期，使用 $t1$ 期留存的确定性现金流盈余仍不足以补足 $t2$ 期发生的直接现金流缺口，出现融资缺口。项目公司 T 期的直接现金流缺口则可以以 $t3$ 期留存的确定性现金流盈余补足，因此不存在融资缺口了。

融资缺口产生后，项目公司可以通过确定性再融资现金流入和确定性资产处置现金流入进行消除。激进的、需扩张保持竞争地位的企业可能偏向使用再融资现金流入弥补融资缺口，稳健的、需保持财务灵活性的企业可能偏向使用资产处置的确定性现金流入弥补融资缺口。使用者可以自行设置融资缺口偿付来源的比例，包括资产处置和再融资现金流入两类来源，或更细致地将融资缺口在金融资产处置、非经营性资产处置、经营性资产处置、银行授信借款、大股东股权质押借款、增发融资等现金流入中分配。本小节为使模型解释言简意赅，假设使用者无偏好，各种还款来源按比例补足融资缺口。

4.2.3.2 确定性再融资现金流入

企业可以通过大股东或母公司注入现金、大股东或母公司质押借款后通过大股东借款注入现金、借入银行授信借款、进行获准的债券发行或股票增发融资，来补充现金流。

再融资现金流入需要被分成两类，一类是债务性的再融资，一类是股权性的。如大股东借款(尤其是大股东资金来源是股票质押借款的)、高信用应收账款抵押借款、银行授信借款、获准的债券发行等是债务性的再融资现金流入。债务性再融资资金借入后会影响未来的刚性兑付，即在融资缺口时借入，随后会发生新的还本付息现金流出，刚性兑付因此增多。所以缺口期若需借入债务，需要重新回到第一步，补充新的刚性兑付和可能产生的新的融资缺口，与 4.1.2 节处理逻辑一致。正因债务性再融资现金流入同时提高了缺口时点的现金流入和未来的刚性兑付流出，并不作为确定性再融资现金流入被计入财务稳健系数中，只有股权性的确定性再融资现金流入会被计入。

有的再融资现金流入有时效性和潜在要求。高信用应收账款的信用期一般不会超过 6—12 个月，银行授信通常有 12 个月的有效期，获准通过的增发募资或债券发行一般也有 12—24 个月的有效期。而且授信和增发也是会在正式申请后由银行再次信审、投资人评估申购的，如果发生不利事件，这些再融资也无法实现现金流入。所以模型假定，在 t 超过应收账款信用期、授信或增发有效期以后，或企业连续两年基准的确定性经营活动现金净流入为负，即便有融资缺口，也不能使用授信或获准再融资补足融资缺口了，而只能使用大股东或母公司持有的现金或金融资产、大股东或母公司可变现非经营性资产、持有的股权质押借款再融资现金流入来弥补缺口了。

在实际调研中，作者发现有两项再融资来源对企业的确定性现金流影响较大。其一是银行授信。银行授信有时规模很大，比如复星医药在 2019 年年末尚未使用的银行授信余额为 341 亿元，超过当年总营收 285.85 亿元。而且银行授信有时还有波动性，部分受访企业曾遭遇银行因为经济或货币周期波动而改变评级标准，导致企业授信额度被突降或撤销的情况。此时，尤其在银行授信额度很大、对企业确定性现金流影响重大时，应重新进行现金流预警。

如果从企业外部看，因为银行授信并非强制披露信息，企业可能为了避免银行间相互比较授信额度而选择不披露，或只在授信额度高的年份披露，这降低了授信数据的信息质量。

其二是大股东股权质押借款，同样存在规模大、影响强、波动高的问题。经过对企业和银行信贷部门的调研，一个稳健评估确定性大股东股权质押借款融资现金流入的方式是取缺口期限内股价最小值的六至七成作为股价，乘以大股东持有而不受限的股票数量进行评估。举例来说，如果企业将于 $t2$ 期出现融资缺口，可以以企业 $t2$ 至 $t0$ 期间股价最小值的 60%，乘以大股东持有的未被抵押或冻结的股票，可以得到 $t2$ 期的确定性大股东质押借款再融资现金流入。特别需要说明的是,如果企业连续两年基准的确定性经营活动现金净流入为负,大股东持股可能会因为被"特殊处理"而不再具备股权质押融资能力,此时大股东质押借款再融资现金流入不再构成确定性现金流入。

调研发现,我国资本市场存在融资摩擦,企业的再融资并不是随时可以实现的,业绩正常的企业发行一笔信用债需要约 3 个月,完成一次增发需要约 6 个月。为此企业可在每笔刚兑前至少 3—6 个月安排并确定好刚性兑付的还款现金流。若所处资本市场效率高、摩擦小,或企业是极为优质的投资标的,使得企业实现再融资的速度更快,那么可以适当减少提前安排的窗口期。

4.2.3.3 确定性资产处置现金流入

企业还可以通过处置资产弥补融资缺口,包括企业的高流动性金融资产、低流动性的部分非经营性资产和经营性非核心资产。

企业持有金融资产的一个重要目的就是平滑流动性,在出现现金流盈余时投资金融资产,并在出现融资缺口时变现补充流动性。基于企业和银行调研,作者了解到企业通常持有的金融资产有存款、大额存单、贵金属等现金等价物,国债、地方债等高信用债券,企业债、上市公司流通股等价值波动的高流动性资产,这些资产流动性高,除了企业债、上市公司流通股按照缺口期限内最小值调整外,几乎可以无折价地转换为现金。

一些低流动性的非经营资产包括信用期内高信用主体的应收账款,企业持有的一些投资性房产等,流动性比金融资产低,但仍可以在缺口期折价处置变现获得确定性资产处置现金流。

在金融资产、非经营资产都无法满足企业融资缺口时,企业还会处置部分非核心的经营性资产(处置核心资产时大股东或实控人不如直接将企业作为整体,出让企业部分或全部控制权)。这包括一些土地使用权、机械设备、厂房、存货,甚至部分非核心项目公司或业务板块。但这些资产的流动性较差,如临近融资缺口期再进行处置,可能会因为时间临近违约,企业谈判地位低,发生严重的资产处置折价损失,所以应当根据资产流动性特征预留出资产处置时间。

由于篇幅限制,本书不在正文中对再融资现金流入和资产处置现金流入的具体科目进行详细列示,读者如有需要可参见附录 B。

4.2.3.4　资产处置对未来确定性经营活动现金净流入的调整

通常企业选择持有某资产、项目公司或业务板块而非处置，是因为出售资产的价值低于该资产或项目的未来现金净流入的现值。也就是说，企业在处置资产时，尤其是经营性资产，需要牺牲资产的部分价值，来换取偿还融资缺口的流动性。

对于项目公司来说，处置经营性资产可能意味着获得当时的大额现金流入，但同时未来需要支付使用该资产的租赁费用，会减小项目公司未来的经营活动现金净流入。而对于包含若干项目公司的集团公司而言，处置的经营性资产可能是一个或多个项目公司，问题会变得更加有趣，作者将在 4.3 节深入讨论。

总结来说，在偿还融资缺口时，如果使用了债务性再融资现金流入，则需要在未来增加这笔债务相应的还本付息刚性兑付现金流出；如果使用了经营性资产处置现金流入，则需要在未来减少这项资产、项目或业务的现金净流入。

图 4-6 示意了上述融资缺口偿还行为的影响。在 $t2$ 期出现了融资缺口，企业使用了两种确定性再融资现金流入和两种确定性资产处置现金流入进行补偿。其中使用了一笔银行授信借款，产生了 $t4$ 期额外的一笔刚性兑付现金流出；还使用了一笔经营性资产处置现金流入，减少了 $OCF3$-1、$OCF3$-2 和 $OCFT$-1 的确定性经营活动现金净流入。

4.2.4　累计现金缺口或盈余

在经过融资缺口引起的再融资和资产处置现金流调整后，需要构建一个“累计现金缺口或盈余”科目，记录企业的未来确定性现金流覆盖刚性兑付的累计情况，如图 4-7 所示。项目公司在 $t1$ 期产生了现金盈余，但不足以补偿 $t2$ 期的融资缺口，因此通过再融资和资产处置，使得 $t2$ 期融资缺口补足为 0。项目公司在 $t3$ 期再次产生了现金盈余，在完成 $t4$ 期新增的刚性兑付现金流出后仍有盈余。不过在确定性经营活动现金净流入受 $t2$ 期经营性资产处置的影响而减少后，$t4$ 期的盈余和 T 期的确定性经营活动现金净流入仍不足以履行 T 期的刚性兑付义务，最终在 T 期出现了累计现金缺口，发生违约，$t0$ 期企业预期未来违约，陷入财务危机。

比较图 4-5 和图 4-7 可知，经过融资缺口的补足，项目公司在 $t2$ 期的现金缺口变为 0，而 T 期本没有现金缺口，后来却出现了累计现金缺口。正常

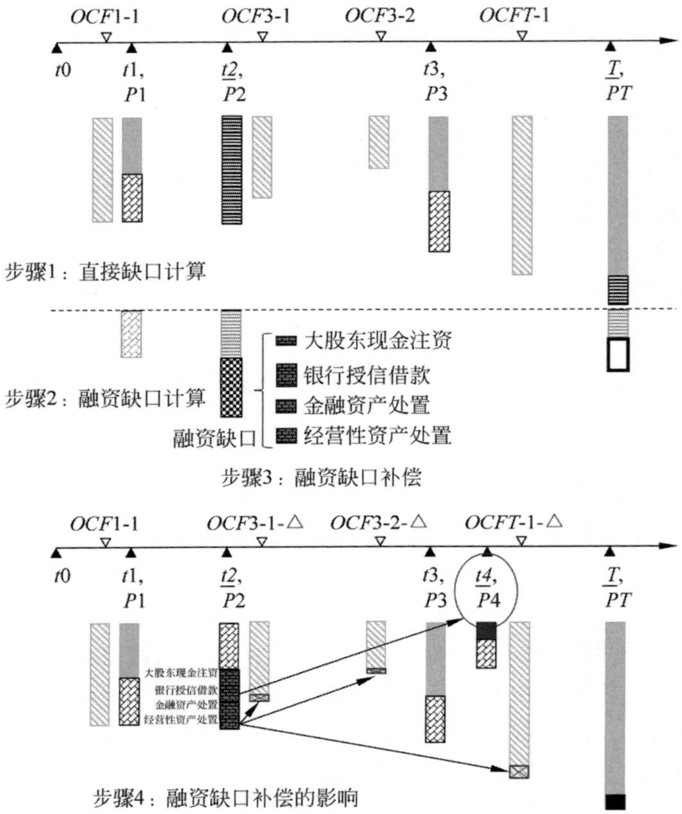

图 4-6 现金流预警模型第三步：融资缺口的产生、补偿及影响示意图(见文前彩图)

经营的企业，可能在偶尔市场下行或发生密集投资时出现融资缺口，经过再融资和资产处置补足，在后期行业恢复或项目投产运营产生盈利后，企业经营活动产生足够的确定性现金流入，不再出现累计现金缺口。

不过，图 4-7 所示的可能性是存在的，此时企业通过再融资和资产处置将首次违约的时点后移，意义有二。其一，由于“首次效应”的存在，企业发生首次违约后，很可能会遭遇银行等金融机构甚至供应商、客户的挤兑抽资。很多带有提前到期条款或强制回售条款的刚性兑付会突然到期，也就是首次违约时点后的所有可变刚性兑付都按合约要求尽早宣布到期，很可能导致企业在首次违约后迅速陷入深度财务危机，甚至无法持续经营、破产重整。企业被激励而尽可能维持正常经营，因此愿意尽可能推迟首次违约

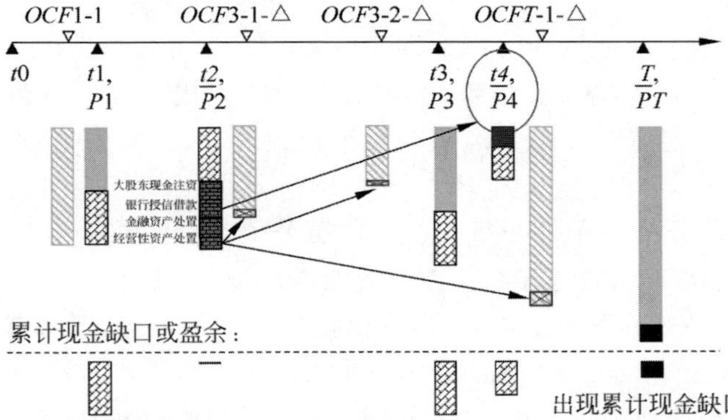

图 4-7　现金流预警模型第四步：累计现金缺口或盈余的测算(见文前彩图)

时点。其二，随着首次违约的推迟，获得的额外时段中企业还可能通过努力获得其他的转机，包括更有序地进行资产处置而非仓促抛售，洽谈更合适的战略投资人以注入优质资源，或者因行业、技术创新而发生有利的转变。

4.3　基于一家新能源公司的 DCFB 模型测算示例

4.3.1　案例抽象原则与背景简介

作者及所在团队为共计四家企业提供过内部现金流预警服务，分别是一家新能源上市公司、一家环保行业上市公司、一家农牧养殖行业上市公司和一家餐饮行业上市公司，由于内部数据涉密及上市公司的敏感性问题，在此匿名处理，称它们为 A 公司、B 公司、C 公司和 D 公司。

本小节的主要目的是以实例说明信息完备的现金流预警模型测算方法和集团公司的测算方法，因此需要按如下标准挑选案例。其一，相似项目公司或同类业务板块应构成公司的主体，避免公司业务范围大、业务种类复杂的案例。其二，项目公司的现金流特征应尽可能简单明了，便于说明测算模型的运算流程。由于民营企业再融资能力的度量比国有企业更为简单，因此优先选择。其三，项目公司或集团公司层面的确定性现金流种类和刚性兑付种类应尽可能多样。其四，公司应尽可能配合作者的测算，提供真实完整的信息。由于企业资产、再融资等很多信息需要依赖企业财务报表，因此需要排除涉嫌财务作假的公司。

在上述标准下，作者最终选择了 A 公司作为代表示例。A 公司是一家民营企业，成立于 2008 年，于 2015 年成功上市。作者及团队于 2020 年年初为其提供了现金流预警模型搭建服务。A 公司是领先的太阳能级多晶硅生产商和光伏项目承包商，主要从事中国光伏产业上下游产业链业务，包括多晶硅生产、光伏及风险项目工程建设承包、电力销售、逆变器生产等。

A 公司旗下有一个业务板块是新能源公司，截至 2019 年年末共建设、运营 41 家光伏或风力发电站，这些新能源电站项目公司贡献了 A 公司 66.67％的营业收入和 69.53％的营业利润。A 公司还从事多晶硅生产业务，贡献了 A 公司 25.56％的营业收入和 21.70％的营业利润，此外没有其他主营业务板块或项目公司。特别是新能源电站项目公司的现金流特征和刚性兑付特征非常相近，多晶硅业务板块的现金流和刚性兑付清晰简单，非常适合作为模型验算的示例。

接下来作者将在 4.3.2 节完成一个简化后的光伏电站项目公司现金流预警模型测算，再在 4.3.3 节完成从项目公司到集团公司层面的现金流预警模型测算。

4.3.2　对某光伏电站项目公司的现金流预警模型测算

测算案例背景是严峻的新能源欠补现象。2012 年国家发改委印发《可再生能源电价附加收入调配暂行办法》，可再生能源电站需要被财政部、国家发改委、国家能源局审批并列入可再生能源电价附加资金补助目录后，地方财政才会正式形成应付补贴义务。2019 年年底，可再生能源电价附加资金补助目录(第八批)还未开始申报。而第七批的申报条件是 2016 年 3 月底前并网的项目，也就是说，已经有新能源电站项目近 4 年没有拿到补贴了。项目进了目录也需要排队，新能源公司还有进入 2014 年 8 月公布的第五批补贴目录和 2016 年 8 月的第六批补贴目录的项目补贴未下发。上述可再生能源欠补的问题已经导致不少企业陷入财务困境，资金链断裂、停产、濒临倒闭。新能源公司需要更谨慎地进行流动性管理。2019 年年底，需对此新能源公司进行现金流预警测算。

某自建自营光伏电站的建设期是 2015 年、2016 年，2016 年 2 月并网，运营期 25 年，总投资规模为 9.5 亿元，其中 3.5 亿元为自有资金出资，6 亿元为银行提供的期限 25 年、利率为 4.75％的项目贷款。贷款从 2017 年开始需每年偿付利息，最后 6 年即 2036—2041 年每年均匀偿还本金 1 亿元，构成项目公司融资性负债的刚性兑付义务(见表 4-3)。

表 4-3　光伏电站项目现金流预警模型(第一步)(单位：万元)

年份	2020	2021	2022	2023	2024	2025	2026	2027
刚性兑付流出	－2850	－2850	－2850	－2850	－2850	－2850	－2850	－2850
年份	2028	2029	2030	2031	2032	2033	2034	2035
刚性兑付流出	－2850	－2850	－2850	－2850	－2850	－2850	－2850	－2850
年份	2036	2037	2038	2039	2040	2041		
刚性兑付流出	－12850	－12375	－11900	－11425	－10950	－10475		

数据来源：调研记录，经作者整理。

光伏电站的经营活动涉及的现金流科目比较少。主要的收入有两类：一类是每月末从国家电网获得的当月脱硫煤电价结算现金流入，脱硫煤电价为 0.25 元/千瓦・时；另一类是政府补贴电价，该光伏电站进入可再生能源电价附加资金补助目录(第七批)，核定补贴电价为 0.65 元/千瓦・时，但需等第四批、第五批目录项目补贴下发到位后才能获得现金补贴。

影响收入的重要因素是并网电量。该光伏电站的年产能是 1 亿千瓦・时，且由于光伏组件功能的衰减，每年会发生不足 1%的产能衰减率。不过，由于光照的波动性、调峰能力不足，跨区运输能力不足，电站所处地区最高可能发生 5%～15%的限电率。因此，在本模型中，考虑 15%的限电率，确定性的并网电量是从 2017 年的 8500 千瓦・时开始以每年 1%的速度衰减。预警模型的基础假设更为保守，是与受访公司高管、财务部和政策发展研究部讨论确定的，并没有沿用原项目可行性分析中 0.5%年衰减率和平均 3.5%波动限电率的正常情景假设。

根据新能源公司政策发展研究部员工当时的调查研究，虽然补贴电价何时能到账是不确定事件，但结合国家近期的政策动态，最保守估计，测算项目的补贴收入最迟会在五年后开始按年分批实现，至少可以获得 80%的补贴收入。

成本方面，主要的现金流出包括员工薪酬成本、设备维修维护成本和土地租金。其中员工薪酬成本和土地租金是时点、金额确定的刚性经营活动现金流出，项目公司需配备的人员结构、人数非常固定，员工薪酬成本发生在每月月底；土地租金也是固定费用，发生在每年年底，两笔费用都需以现金而非应付账款方式结算。而设备维修维护成本是或有成本，按照新能源公司其他同类项目公司经验，最保守估计下，每年设备维修维护成本至多占总投资额的 1.2%。

确定性经营活动各种税项同样是确定的，但为简化问题，很多复杂的税项被简化为企业缴纳营业利润9%的流转税。考虑基准情景的确定性经营活动净流入后，项目公司的现金流预警模型测算表如表4-4所示。包含算式的电子表格备索。

由表4-4可以看出，自确定性政府补贴现金流入后，直到银行项目贷款开始偿还本金前，项目公司都有资金盈余，其他时候会出现融资缺口，需要通过资产处置或再融资补足缺口。

对于该光伏电站来说，处置资产并租赁没有可行性，机械设备的资产专用性极高，主要的现金流来源是再融资，包括从母公司获取金融资产注资或母公司借款。由于新能源公司本身财务状况稳健，其间母公司并无集中性的大规模投资或偿债行为（可再生能源欠补问题严重，新能源公司于2015年开始收缩项目投资），可以用母公司现金及金融资产资金，通过母公司借款形式补足项目公司融资缺口。于是项目公司需在借入母公司借款后次年进行偿付，并无资产处置导致经营活动现金流减小。项目公司发生表4-5所示的融资缺口补足及影响。

41家项目公司的现金流结构各不相同，以2021年为例，共计有12家项目公司发生总额约16.4亿元的融资缺口，另有29家项目公司发生总额约13.6亿元的融资盈余，其间存在2.8亿净融资缺口，远低于新能源公司母公司层面持有的共计27.4亿元现金及交易性金融资产。

在母公司借款的确定性现金流入支持下，项目公司能持续维持正常经营，保持非负的累计现金缺口或盈余。到2041年项目清算时，企业仍可利用确定性母公司金融资产注资现金流入，完成当年的银行借款和母公司借款的还本付息，不会出现违约事件。

不过在表4-5中，作者保留了2041年没有母公司再融资现金流入情况下的累计现金缺口。这并不是为了说明项目公司会财务危机，而是说明该项目公司履行刚性兑付是依赖于母公司资金支持的，若没有母公司现金注入则可能发生项目贷款违约。这进一步说明企业的现金流预警模型和现金流折现投资价值模型是不同的，项目可行性报告中，按照正常情况（包括情景分析）进行投资价值分析时，项目具备高投资价值；而在现金流预警模型中，项目公司只有确定性现金流会被计算在内，只有确定性的经营活动、资产处置和再融资现金净流入能支持融资性负债的刚性兑付义务，可能出现具备投资价值的公司被现金流预警的情况。此时企业能否在累计现金缺口时点保障充足的流动性支持，是能否承担项目投资风险的关键。

表 4-4　光伏电站项目现金流预警模型(第二步)(单位：万元)

年　　份	2020	2021	2022	2023	2024	2025	2026	2027
刚性兑付流出	−2850	−2850	−2850	−2850	−2850	−2850	−2850	−2850
确定性电费流入	2125	2104	2083	2062	2041	2021	2001	1981
确定性补贴流入			4420	4376	4332	4289	4246	4203
员工、租金、维护流出	−454	−454	−454	−454	−454	−454	−454	−454
确定性流转税流出	−150	−148	−544	−539	−533	−527	−521	−516
确定性经营活动净流入	1521	1501	5504	5445	5387	5329	5271	5214
当年融资缺口或盈余	−1329	−1349	2654	2595	2537	2479	2421	2364
年　　份	**2028**	**2029**	**2030**	**2031**	**2032**	**2033**	**2034**	**2035**
刚性兑付流出	−2850	−2850	−2850	−2850	−2850	−2850	−2850	−2850
确定性电费流入	1961	1941	1922	1903	1884	1865	1846	1828
确定性补贴流入	4161	4120	4079	4038	3997	3957	3918	3879
员工、租金、维护流出	−454	−454	−454	−454	−454	−454	−454	−454
确定性流转税流出	−510	−505	−499	−494	−488	−483	−478	−473
确定性经营活动净流入	5158	5102	5047	4993	4939	4885	4832	4780
当年融资缺口或盈余	2308	2252	2197	2143	2089	2035	1982	1930
年　　份	**2036**	**2037**	**2038**	**2039**	**2040**	**2041**		
刚性兑付流出	−12850	−12375	−11900	−11425	−10950	−10475		
确定性电费流入	1809	1791	1773	1756	1738	1721		
确定性补贴流入	3840	3801	3763	3726	3689	15619		
员工、租金、维护流出	−454	−454	−454	−454	−454	−454		
确定性流转税流出	−468	−462	−457	−452	−448	−1515		
确定性经营活动净流入	4728	4676	4625	4575	4525	15371		
当年融资缺口或盈余	−8122	−7699	−7275	−6850	−6425	4896		

数据来源：调研记录，经作者整理。

表 4-5 光伏电站项目现金流预警模型(第三步、第四步)(单位:万元)

年　份	2020	2021	2022	2023	2024	2025	2026	2027
刚性兑付流出	−2850	−4242	−5721	−3077	−2850	−2850	−2850	−2850
确定性电费流入	2125	2104	2083	2062	2041	2021	2001	1981
确定性补贴流入			4420	4376	4332	4289	4246	4203
员工、租金、维护流出	−454	−454	−454	−454	−454	−454	−454	−454
确定性流转税流出	−150	−148	−544	−539	−533	−527	−521	−516
确定性经营活动净流入	1521	1501	5504	5445	5387	5329	5271	5214
融资缺口或盈余	−1329	−2741	−217	2368	2537	2479	2421	2364
母公司借款	1329	2741	217	0	0	0	0	0
累计现金缺口或盈余	0	0	0	2368	4905	7383	9805	12169
年　份	2028	2029	2030	2031	2032	2033	2034	2035
刚性兑付流出	−2850	−2850	−2850	−2850	−2850	−2850	−2850	−2850
确定性电费流入	1961	1941	1922	1903	1884	1865	1846	1828
确定性补贴流入	4161	4120	4079	4038	3997	3957	3918	3879
员工、租金、维护流出	−454	−454	−454	−454	−454	−454	−454	−454
确定性流转税流出	−510	−505	−499	−494	−488	−483	−478	−473
确定性经营活动净流入	5158	5102	5047	4993	4939	4885	4832	4780
融资缺口或盈余	2308	2252	2197	2143	2089	2035	1982	1930
母公司借款	0	0	0	0	0	0	0	0
累计现金缺口或盈余	14477	16730	18927	21070	23158	25193	27175	29105
年　份	2036	2037	2038	2039	2040	2041		
刚性兑付流出	−12850	−12375	−11900	−11425	−11830	−18127		
确定性电费流入	1809	1791	1773	1756	1738	1721		
确定性补贴流入	3840	3801	3763	3726	3689	15619		
员工、租金、维护流出	−454	−454	−454	−454	−454	−454		
确定性流转税流出	−468	−462	−457	−452	−448	−1515		
确定性经营活动净流入	4728	4676	4625	4575	4525	15371		
融资缺口或盈余	−8122	−7699	−7275	−6850	−7305	−2756		
母公司借款	0	0	0	840	7305	0		
累计现金缺口或盈余	20983	13284	6010	0	0	−2756		

数据来源:调研记录,经作者整理。

4.3.3 从项目公司到集团公司

上述步骤适用于单一项目公司的现金流财务危机预警。对于若干项目公司、业务板块构成的集团公司而言，其现金流预警模型可以直接合并公司层面的确定性现金流与刚性兑付义务进行上述步骤的测算，也可以将以项目公司为单位的累计现金缺口或盈余测算结果加总合并，得出集团层面的整体预警结果。

以新能源公司为例，加总其41家项目公司后，发现其于2023年会出现累计现金缺口约1.34亿元。虽然累计现金缺口远小于集团公司母公司层面的存量货币资金和金融资产，不过值得探讨出现累计现金缺口时，集团公司与项目公司处置策略的不同。

项目公司主要考虑处置资产，或可转为租赁等方式获得短期流动性，或者从母公司获得融资。而集团公司则不同。集团公司的资产处置更可能是对项目公司或业务板块的处置，此时还需考虑对项目公司的处置次序。诚然，在提前的处置时机下，项目公司处置的折价程度，也就是项目公司产品服务、运营管理的标准化程度，是重要问题。不过在应对融资缺口而处置资产的背景下，还有一个重要问题影响项目公司的处置次序，就是项目公司的财务稳健贡献，或者确定性现金流覆盖刚性兑付水平的贡献。

集团公司有两种方式度量项目公司的财务稳健贡献。方法一是累计现金缺口法。以新能源公司为例，2019年年末预期于2023年企业的确定性现金流覆盖刚性兑付水平较低，可以从2023年开始，重新计算存续项目公司在母公司不提供再融资现金流入情况下的累计现金缺口，并将缺口大小折现到2023年后由高到低排序，累计现金缺口越大者将给集团公司带来的财务危机风险越大，在处置价值、持有价值、项目规模、协同效应等相当时，可以考虑优先处置。以上述项目公司为例，其累计现金流缺口现值为4737万元，在41家项目公司中排在第16位优先处置，如表4-6所示。

方法二是现金流折现法。可于2019年年末将各个项目公司2023年及以后的基准情景确定性经营活动现金净流入覆盖刚性兑付水平折现到2023年，折现值越低者给集团公司带来的财务危机风险越大，可考虑优先处置。表4-7展示了折现法下该项目对集团公司财务稳健贡献度4157万元的算法。此方法下该项目公司排在第21位处置，与累计现金缺口法排序不同。如果项目公司的刚性兑付还本付息结构、项目公司经营活动现金净流入结构相近，则不同计算方法对项目公司排名影响不大，否则会有明显排

表 4-6　2023 年光伏电站项目财务稳健贡献度(累计现金缺口法)(单位：万元)

年　　份	2020	2021	2022	2023	2024	2025	2026	2027
刚性兑付流出					−2850	−2850	−2850	−2850
确定性电费流入					2041	2021	2001	1981
确定性补贴流入					4332	4289	4246	4203
员工、租金、维护流出					−454	−454	−454	−454
确定性流转税流出					−533	−527	−521	−516
确定性经营活动净流入					5387	5329	5271	5214
融资缺口或盈余					2537	2479	2421	2364
累计现金缺口或盈余					2537	5015	7437	9801
年　　份	**2028**	**2029**	**2030**	**2031**	**2032**	**2033**	**2034**	**2035**
刚性兑付流出	−2850	−2850	−2850	−2850	−2850	−2850	−2850	−2850
确定性电费流入	1961	1941	1922	1903	1884	1865	1846	1828
确定性补贴流入	4161	4120	4079	4038	3997	3957	3918	3879
员工、租金、维护流出	−454	−454	−454	−454	−454	−454	−454	−454
确定性流转税流出	−510	−505	−499	−494	−488	−483	−478	−473
确定性经营活动净流入	5158	5102	5047	4993	4939	4885	4832	4780
融资缺口或盈余	2308	2252	2197	2143	2089	2035	1982	1930
累计现金缺口或盈余	12109	14362	16559	18702	20790	22825	24807	26737
年　　份	**2036**	**2037**	**2038**	**2039**	**2040**	**2041**		
刚性兑付流出	−12850	−12375	−11900	−11425	−10950	−10475		
确定性电费流入	1809	1791	1773	1756	1738	1721		
确定性补贴流入	3840	3801	3763	3726	3689	15619		
员工、租金、维护流出	−454	−454	−454	−454	−454	−454		
确定性流转税流出	−468	−462	−457	−452	−448	−1515		
确定性经营活动净流入	4728	4676	4625	4575	4525	15371	项目最终累计现金缺口：4737	
融资缺口或盈余	−8122	−7699	−7275	−6850	−6425	4896		
累计现金缺口或盈余	18615	10916	3642	−3208	−9633	−4737		

数据来源：调研记录，经作者整理。

表 4-7　2023 年光伏电站项目财务稳健贡献度（现金流折现法）（单位：万元）

年　份	2020	2021	2022	2023	2024	2025	2026	2027
刚性兑付流出					−2850	−2850	−2850	−2850
确定性经营活动净流入					5387	5329	5271	5214
融资缺口或盈余					2537	2479	2421	2364
贴现因子					0.95	0.91	0.87	0.83
融资缺口或盈余现值					2422	2259	2107	1964
年　份	**2028**	**2029**	**2030**	**2031**	**2032**	**2033**	**2034**	**2035**
刚性兑付流出	−2850	−2850	−2850	−2850	−2850	−2850	−2850	−2850
确定性经营活动净流入	5158	5102	5047	4993	4939	4885	4832	4780
融资缺口或盈余	2308	2252	2197	2143	2089	2035	1982	1930
贴现因子	0.79	0.76	0.72	0.69	0.66	0.63	0.60	0.57
融资缺口或盈余现值	1830	1705	1588	1478	1376	1280	1190	1106
年　份	**2036**	**2037**	**2038**	**2039**	**2040**	**2041**		
刚性兑付流出	−12850	−12375	−11900	−11425	−10950	−10475		
确定性经营活动净流入	4728	4676	4625	4575	4525	15371		
融资缺口或盈余	−8122	−7699	−7275	−6850	−6425	4896	项目融资盈余现值：4157	
贴现因子	0.55	0.52	0.50	0.48	0.45	0.43		
融资缺口或盈余现值	−4443	−4020	−3627	−3260	−2919	2124		

数据来源：调研记录，经作者整理。

名差异。相较而言，考虑了现金流时间价值的现金流折现法更为严谨，而累计现金缺口法很大程度上受到项目清算时累计现金缺口或盈余的影响。

4.4 与已有研究成果的印证

企业财务危机及其成因、过程、预警研究是资本结构理论下的分支研究，初衷是服务于资本结构权衡理论，剖析企业的破产成本。说清楚企业何时会陷入何种程度的财务危机并带来何种后果，是企业财务危机预警研究的核心研究目的。

不过正如第2章评述，已有预警研究缺乏金融原理的支撑，对资本结构理论的贡献也有一定局限。对企业何时破产的回答是基于KMV模型的违约距离实证研究，通过违约距离反映企业濒临财务危机的距离，与违约时点预警存在区别。对企业陷入何种程度财务危机的回答是基于关键事件二分类的分析方法，缺乏对财务危机过程的机制探讨。而对财务危机后果的研究多以大样本实证研究为主，研究结论高度抽象，缺乏实践指导意义和理论拓展价值。

与已有预警研究不同，本书提出的DCFB模型是基于金融原理产生的。这具体体现在四个方面。其一，本书预警模型的逻辑基础是确定性现金流能否偿付刚性兑付决定企业是否陷入财务危机。其二，本书预警视角是未来现金流视角，是在财务会计中现金流的实现制、公司金融现金流折现模型的基础上建立的。其三，本书对确定性现金流的分类和界定是基于企业经营生产、投资融资活动的现金流特征制定的。其四，本书财务危机过程预警受到财务危机过程中企业与外部主要主体的博弈和交互关系的重大影响。

事实上，本书预警模型的构建与资本结构理论的主要成果是一致的。

Modigliani和Miller(1958)指出，在完美的资本市场中，在无须缴税、信息对称、没有交易成本和融资摩擦等基础假设下，资本结构并不影响企业的价值。在DCFB模型下，如果没有高管变更、资产转移、再融资搜寻的交易成本和摩擦问题，财务危机过程就不存在了，负债的破产风险也失去了意义，同样使资本结构不再影响企业价值。

在存在税盾价值时，高负债可以提高企业价值(Modigliani and Miller, 1963)。在DCFB模型下，税盾价值同样提高了企业的经营活动确定性现金净流入，继而通过提高一项确定性现金流入提高了企业的财务稳健程度，进而提高企业价值。

而破产成本的存在打破了 Modigliani 和 Miller(1958)零交易成本的基础假设,此时越高的负债会通过提高破产成本而降低企业价值(Baxter,1967)。在 DCFB 模型下,刚性兑付现金流出义务的规模越高,财务危机风险越高,企业难以维持正常经营的风险提高,企业价值因此降低。

信息不对称的情况下,还有一个企业负债的理由是为了缓解管理层持有过多自由现金流时的代理问题(Jensen,1986)。在 DCFB 模型下,现金盈余科目积累的现金多,同样可能产生管理层委托代理的不效率问题,而提高刚性兑付义务或使刚性兑付现金流出更匹配企业的确定性现金流结构,都可以缓解这种不效率,此时提高负债是有利可图的。

信息不对称还会产生企业融资成本的差异,促使企业优先使用内部融资,随后是债务融资和股权融资(Myers and Majluf,1984)。在 DCFB 模型下,严重的信息不对称会通过债权人在企业正常经营中的风险防范治理行为,提高企业投融资效率,债务表现可能强于股权融资;同时可能导致债权人在财务危机过程中的挤兑抽资和过度反应,从而提高企业财务危机风险和损失,债务表现可能弱于内部融资。债务融资的次序介于内部融资与外部股权融资之间,与“啄序理论”观点相近。

市场时机(Stein,1996; Baker and Wurgler,2002)理论下,股票市场价格波动会影响企业的最优资本结构。在 DCFB 模型下,公司证券价格的波动常意味着企业再融资能力的波动,而确定性再融资现金流入的增长确实能降低财务危机风险,提高企业的负债意愿。

产品市场竞争激烈时企业可能减小负债以保留再融资能力(朱武祥等,2002)。在 DCFB 模型下,产品市场的激烈竞争会降低企业确定性经营活动现金净流入,继而降低企业确定性现金流覆盖未来刚性兑付的水平,为了避免危及持续经营,企业应当酌情降低刚性兑付现金流出义务,降低负债水平。

除此之外,本书预警模型的构建还与现有财务危机预警研究的实证发现一致。

Altman(1968)从当时常用的 22 个财务指标中,发现营运资本比总资产、留存收益比总资产、息税前利润比总资产、营业收入比总资产和企业市值比总负债五个变量的组合表现出比其他指标更好的预警效率。Altman 对营运资本比总资产变量表现良好的解释是其反映了企业的流动性水平,但无法解释为何诸如现金占总资产比、流动比率、速动比率等更常用更直观的流动性度量指标却并未被选入变量组合。留存收益比总资产、息税前利润比总资产表现良好被解释为变量反映了企业的盈利能力，却无法解释为何更常用的资产报酬率、利润率等指标未能入选。营业收入比总资产变量虽入选模型变量组合，但并不显著，Shumway(2001)的结果也是这样。这与直觉不符，企业的收益能力应当是企业财务危机重要的相关变量，但在两篇论文中并未被解释。Altman 对此变量的解释是其代表了企业在竞争环境中产生收入的能力，但更能反映企业竞争优势的变量可能是盈利增长、资产或净经营资产增长率，这些变量并未入选。企业市值比总负债表现良好被解释为股东为债权人提供的劣后风险垫，而账面净资产可能是更稳妥的在风险发生时先于债权发生损失的风险垫，此外流动资产与流动负债比也具备相近作用，但此二比率并未入选。预警效率最优化的变量组合结果在原文中并未被充分解释。

在本模型框架下，息税前利润和营运资本是调整出实际现金流的重要科目，比营业收入更好地体现了企业的经营活动现金净流入。营业收入是应计制会计科目，而非实际发生的现金流，对财务危机的解释力弱于与现金流关系更紧密的科目。留存收益部分反映了本模型累计现金盈余或缺口科目。企业总市值比总负债则部分反映企业的股权再融资现金流覆盖刚性兑付水平。本书框架可以部分解释为什么这些指标相较于另外 17 个与流动性、盈利能力、资本结构、政策环境和经营活动相关的指标有更好的表现。

Campbell 等(2008)提出的 CHS 财务危机预警模型中加入了资本市场的数据，构建了等于权益市值和债务账面值之和的市值总资产，发现企业市值占标普 500 总市值比、企业股票过去一年较标普 500 指数的超额收益、净利润比市值总资产、账面债务比市值总资产、金融资产比市值总资产五个变量构成的变量组合显著提高了财务危机预警效率。作者在文中并未深入论述加入资本市场市值数据的原因，只简要提及这些与股票市场相关的变量能够提高预警效率的原因可能是股价能更快地反映企业的前景和无形资产特征。

DCFB 模型能更好地解释这些直观上与债务违约无关的股票市场数据为何有助于预警财务危机。财务危机预警是对未来现金流偿还刚性兑付现金流出的估计，目前的财务会计指标是历史、应计视角，而股票市场估值则是未来、实现视角，看上去与债务无关的股价反而相较于账面财务会计指标能够更好地反映企业未来现金流特征。企业股票的超额收益其实能反映股票市场投资人对企业未来自由现金流的判断,以企业未来经营活动的现金净流入为主。虽然股票市场考虑的现金流是偿付刚性债务本息后的自由现金流,并未区分经营活动现金净流入的确定性,但对未来现金流的代理还是好于历史账面数据。此外,金融资产占市值总资产比能反映企业的确定性资产处置现金流入。在 DCFB 模型下,可以更充分地解释后续大量加入股票市场数据提高预警模型效率的实证研究成果。

第5章　DCFB模型在信息不完备时的应用与检验

5.1　信息不完备时的DCFB模型

5.1.1　不完备的信息对DCFB模型的调整

外部视角下，企业的经营活动现金流科目、资产的经营性特征、再融资的有效期和确定性很难根据公开信息获取。虽然上市公司会将企业的业务特征汇报在年度报告的第三节“业务概要”和第四节“管理层讨论”中，但作者对环保行业的近150家上市公司的相关信息进行了整理，几乎没有上市公司汇报业务现金流的确定性特征，主要描述的是相关业务的竞争优势和增长空间。

基于外部视角下可以获取的标准化信息，第4章中信息完备的现金流预警模型必须进行简化和近似处理后使用。在此分类说明调整方法。

第一是窗口期问题。由于主要信息来源是企业年度报告，本章的外部现金流预警模型的观察时点为每年12月31日。可用的信息为发布于当年1月1日—12月31日的公开信息。由于一般企业年报是发布于下一年的1—4月，因此在观察时点只能看到前一年的年报信息。

第二是刚性兑付义务。上市公司不都在年度报告中披露具体贷款的还本付息现金流结构，即使披露，也是或仅披露公募债券、大额债务，或格式、语句丰富，难以批量提取。因此在外部视角下，能提取的融资性负债刚性兑付主要有3笔。其一是1年内到期的融资性负债，主要是短期借款和1年内到期的非流动负债。其二是1年以后到期的长期融资性负债，由于企业并不都会披露长期债务的最长到期时点，因此本章暂且以调研发现的多数企业长期债最长期限5年为最长期限，并假设长期负债会在第2—5年均匀到期。实际上，从公开信息只能识别出这些刚性兑付的两个时点，一笔刚性兑付现金流出1年后到期，另一笔在未来1—5年均匀到期。其三是企业的对外担保或有负债。这些或有负债一般是不披露债务期限特征的，本书假设这些或有负债在未来 5 年均匀到期，也就是同样分为占总额 1/5 的一笔 1 年后到期，剩下 4/5 在未来 1—5 年均匀到期。它们大多有提前赎回或交叉违约条款。

财务危机预警模型应当对这两笔刚性兑付现金流出能否履约进行预警，即一笔是 1 年之后到期，另一笔在未来 1—5 年均匀到期。并且，第一笔刚性兑付可以被进一步分为两种情景，一种是正常经营情景，能顺畅处置资产和正常获得再融资，另一种是极端情景，能折价处置资产且无法正常使用授信和进行增发。

第三是确定性经营活动现金净流入。上市公司财务报告中的数据是历史财务会计数据，不能直接反映未来的企业经营活动现金流。要获得企业未来确定性经营活动现金流预期，有 3 种方式。第一，利用历史利润、现金流量表会计数据，结合业务特征进行预期。但此法由于企业几乎不描述业务现金流确定性特征，缺乏必要数据。第二，基于股票市场有效性的假设，由于股价反映了市场对企业未来的预期，可以根据其间股价变动特征倒推企业的现金流变动情况。但我国股票市场有效性不足，若用此法一来会使企业确定性经营活动现金净流入很大程度上受到股票市场行情、市场流动性的影响，二来很难将企业的确定性现金流从股权价值背后暗含的不确定现金流中区别出来，可行性不高。

本章选择了第三种方法，即利用分析师预测数据，对企业未来确定性经营活动现金净流入进行测算。作者调研过多家券商的行业首席分析师，分析师通常长期跟踪研究特定行业的部分上市公司，常有与行业资深人士、企业内部人员交流的机会，且具备标准化的评估和分析方法，这使得分析师的预测具有一定可信度，且不同分析师的预期量纲比较一致。不过，分析师预测的经营活动现金流是企业整体的，还需要进行调整选出其中确定的部分业务，目前采取的方法是根据过去五年业务盈利的稳定性计算出确定性业务调整比率，参见 5.1.2.1 节。

第四是确定性资产处置现金流入。目前主要基于企业的资产负债表进行测算。企业持有的交易性金融资产、可供出售金融资产和投资性房地产是典型的可处置非经营性资产。不过，企业经营性资产很难区别出核心和非核心两类，目前暂将企业的存货、长期股权投资、固定资产和在建工程算作可以处置的经营性资产。这些资产的账面价值在资产负债表中可查，借鉴银行抵押制度的估值方法，本节假设企业正常经营时，可处置经营性资产能获得账面价值 50%～60%的现金价值(或至少可从银行获取等额借款现金)。

第五是确定性再融资现金流入。公布了大股东或母公司货币资金、持有金融资产的上市公司很少,可获取信息的企业股权性确定性再融资流入主要有企业的获准增发,且需在观测时点获准,但未发行完毕的。而企业的债权性确定性再融资流入主要有大股东持有的非限售股票质押借款再融资(有观察时点往前取相同窗口的股价最低值,如站在 2016 年预测 2019 年发生融资缺口,则需以 2013—2016 年上市公司最低股价计算)和未使用的银行授信。本章假设获准增发和银行授信的有效期到观察时点后的两年。

在模型测算时,本章采用如下方法。首先整理企业未来 5 年刚性兑付现金流出数据和确定性经营活动现金净流入数据,接着基于当期的融资缺口,优先顺次使用累计现金盈余、非经营性金融资产的处置变现弥补,不足的按企业经营性资产处置变现规模和确定性再融资现金流入规模的比例进行资产处置、增发、使用授信或大股东借款,超过观察时点 2 年后获准增发和银行授信再融资能力清零。接着基于经营性资产的处置和债务再融资对缺口时点后的确定性经营活动现金净流入和刚性兑付现金流出进行调整,得到调整后的刚性兑付和经营活动确定性现金净流入水平。然后以企业长期借款利息率,将调整后的经营活动确定性现金净流入和刚性兑付现金流出进行未来现金流的折现,再与观察时点的企业确定性资产处置现金流入和确定性再融资现金流入相加,得到企业观察时点的财务危机(稳健)程度。最后考察刚性兑付现金流出的覆盖情况,如无法覆盖则预警,并对潜在财务危机进行治理。图 5-1 展示了信息不完备的外部现金流预警模型测算步骤。

需要特别指出的是,本章在步骤 4 针对 1 年后到期和 1 年后且 5 年内到期的两类刚性兑付现金流出义务进行三种预警。首先是正常经营情况下是否能偿付 1 年后的到期债务,即下文公式(5-1)计算结果是否小于 0。其次是极端情况下是否能偿付 1 年后的到期债务,即下文公式(5-2)计算结果是否小于 0。极端情景是指市场、相关主体、企业出现重大不利事件,导致除了企业的再融资无法实现、非金融资产以极低折价变现(正常情景是 50%～60%,极端情景下非金融资产以 20%账面价值变现)。最后是正常经营情况下能否偿付 5 年内的到期债务,即下文公式(5-3)计算结果是否小于 0。极端情景下的长期刚性兑付偿付现金流一般不被关注,因为正常经营企业一般不会预期未来 5 年都处于极端情景,而危机企业更关注短期流动性安全问题。

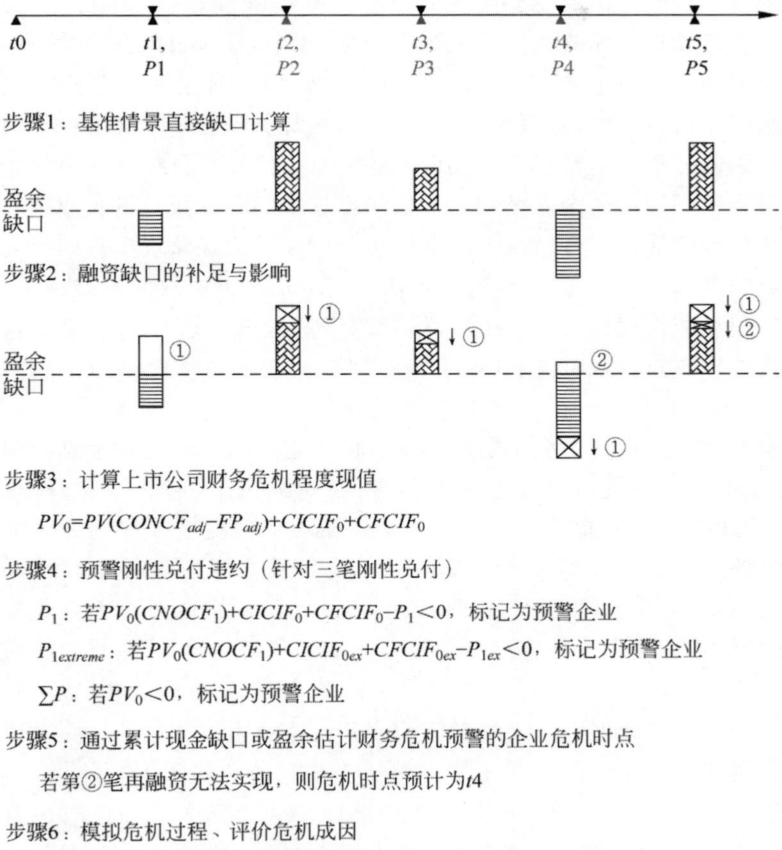

图 5-1　信息不完备时现金流预警模型的测算步骤

$$PV_0(CNOCF_1)+CICIF_0+CFCIF_0-P_1 \tag{5-1}$$

$$PV_0(CNOCF_1)+CICIF_{0ex}+CFCIF_{0ex}-P_{1ex} \tag{5-2}$$

$$PV(CONCF_{adj}-FP_{adj})+CICIF_0+CFCIF_0 \tag{5-3}$$

5.1.2　基于不完备的信息构造 DCFB 变量

5.1.2.1　确定性经营活动现金净流入的相关变量构造

确定性经营活动现金净流入是分析师预测的企业未来经营活动现金净流入中的确定部分，即企业未来经营活动现金净流入乘以确定业务占比。

作者在 Csmar 数据库中选取观测时点当年发布的分析师报告，取分析师对未来年份经营活动现金流量的预测中位数作为第一年、第二年的企业未来经营活动现金净流入。需要指出的是，在 12 月 31 日的观测时点，企业当年年度报告尚未发布，当年 1 月 1 日—12 月 31 日发布的分析师报告通常预测三年窗口，常常是观测年至第二年，或观测年前一年至第一年的预测数据。因此分析师通常提供观测时点下一年、下两年的现金流预测。还需继续以分析师预测的企业净利润平均年增长率的中位数预测企业第三年至第五年的经营活动现金净流入。不使用分析师预测经营现金流的年增长率中位数的理由有二：其一，预测经营现金流增长率中位数的方差极大，平均增长率很可能出现极端值；其二，作者调研的五名分析师均使用净利润通过间接法计算经营现金流，其关于企业现金流变化的基础是净利润而非现金流。

确定性业务占比的度量是困难的。由于本模型建立在一个基础假设之上，即企业的财务危机风险是一个客观、绝对的风险，而非主观、相对的风险，因此从逻辑上不能以企业业务盈利的相对不确定性来评判。数学上存在一个评判波动性大小的绝对阈值，认为变异系数小于 0.15 能说明一个变量波动性低。本模型借鉴此做法，从 Csmar 上下载企业历史主营业务分部盈利数据，并计算企业分部过去五年的分部毛利率变异系数，将变异系数处于 0—0.15 区间内的企业分部看作确定业务，再得出确定业务的毛利占比，作为企业经营活动现金流入中确定的部分。这种由于信息缺失而采用的替代做法可能会引起一些偏差，5.5 节将进一步讨论此问题。

使用毛利率、销售收入占总资产比来评价企业具体业务部门是否属于确定性业务的理由如下。企业财务报表附注中分部收入成本数据是作者能从公开信息渠道获得的最微观的企业业务板块数据。因此外部只能获取企业部门的收入、成本数据，本书选择了毛利率、销售收入占总资产比作为业务板块确定性程度的依据。虽然毛利率、收入占比存在不足，比如无法解决现金流规模波动大但毛利率稳定的情况。不过考虑到企业本身业务规模通常逐年提升，现金流规模通常是存在较大变化的，很难从业务现金流的绝对水平上对企业业务确定性进行分类，毛利率、销售收入占总资产比是被广泛使用的、仅有的可行数据。事实上，作者还尝试对企业年度报告中“业务概要”或“管理层讨论”章节的业务描述进行文本分析，但可惜的是，管理层在相关内容中主要汇报的是业务的竞争优势、战略地位，基本不会评价业务的稳定、确定性程度，文本分析的方法也不可行。最终，作者只能选择使用毛利率、销售收入占总资产比作为从外部评估业务确定性的依据。

5.1.2.2　确定性资产处置现金流入的相关变量构造

确定性资产处置包括不必折价的企业金融资产(交易性金融资产和可供出售金融资产),以及在正常经营情况下以 50%～60%折价、在极端情况下以 20%～30%折价的企业部分经营性资产(存货、固定资产、无形资产、投资性房地产、在建工程、长期股权投资)。这些数据可以从 Csmar 数据库整理得到。

事实上,企业财务报表中很多资产存在受限情况,此时不能用于处置变现,不能用于抵押借款。但并非所有企业都会披露资产受限情况,即使披露,用词、语句、格式也非常丰富,难以批量提取和处理。5.5 节将进一步讨论此问题。

5.1.2.3　确定性再融资现金流入的相关变量构造

模型假设企业的获准增发和银行授信只有两年有效期,因此第三年至第五年的企业融资缺口不能以此两种再融资现金流入支持。企业获准增发数据来自 Wind 数据库,作为确定性再融资现金流入的需为当年获准但未发行的增发规模,因此仅保留获准日期在观测当年而当年并未公告发行结果的增发募资额数据。企业的银行授信数据来自 Wind 数据库。

还有一种企业确定性再融资现金流入来源是大股东质押借款,大股东从金融机构借款后通过资本金注资或大股东借款的方式流入公司。大股东质押借款在正常经营而非极端情况下是长期有效的,质押借款额度为观测窗口期间(观测窗口期限等于预计出现融资缺口期限,如 2016 年预计 2019 年出现缺口,则窗口期为 2013—2016 年)最低股价,乘以大股东持有的非限售股份,再加上 70%的金融机构折价。所需数据来自 Csmar 数据库。

5.1.2.4　确定性现金流入的现值

在对未来确定性现金流进行折现时,模型使用的折现率应为企业长期债务融资加权平均成本,因为模型是在考察用于偿付融资性负债的刚性兑付的确定性现金流。不过,并非所有上市公司都会披露企业的长期借款利息率,因此本章采用公式(5-4)、公式(5-5)计算企业平均融资成本作为替代,缺失值以当年同业上市公司平均融资成本中位数替代。所需数据来自 Csmar 数据库。

$$\text{平均融资成本}=\frac{\text{当年发生的利息费用}}{\text{当年平均有息负债规模}} \tag{5-4}$$

当年发生的利息费用＝当年分配股利、利润或偿付利息支付的现金＋
当年资产负债表中应付股利＋
当年资产负债表中应付利息－
去年资产负债表中应付股利－
去年资产负债表中应付利息－
当年未分配利润附注中的应付普通股股利 (5-5)

5.1.2.5 金融负债刚性兑付现金流出的变量构造

企业于1年后到期的刚性兑付为资产负债表中的短期借款、1年内到期的非流动负债和短期融资券(其他流动负债),数据来自 Csmar 数据库。企业于1年后到5年内到期的刚性兑付为资产负债表中的长期借款、应付债券和长期应付款,数据来自 Csmar 数据库。另外,企业还存在对非控股子公司的担保余额,这是一项或有负债,一般不会披露期限信息,模型假设其在未来5年间均匀分布,数据来自 Wind 数据库。

虽然这些负债中多数都含有提前赎回和交叉违约条款,但暂无包含此数据的数据库。因此模型只将上市公司发行公募债券中带有交叉违约条件的金额作为带有提前到期风险的刚性兑付,数据来自 Wind 数据库。

5.2 研究方法、数据来源与处理

5.2.1 本章研究方法

本章的研究目的有两个:一方面是提出一个从企业外部观察的、信息不完备情况下的现金流预警方法,其有效性需要达到与已有财务危机预警模型相当的水平;另一方面是基于现金流预警模型,构建一些未被已有文献使用的指标数据,新变量的加入需要提高已有财务危机预警模型的预警效率。为了达到研究目的,本章采用三种研究方法证明本书理论具备普适价值:前两种方法服务于第一个研究目的,说明模型的预警价值;第三种方法服务于第二个研究目的,说明现金流预警思想的价值。

5.2.1.1 方法一:本模型的预警 TPR 的相对水平

为了验证本章提出的信息不完备的现金流预警模型的优劣,本章将该模型与常用财务危机预警方法进行比较。在样本极度不均衡的情况下,准确率不再能够客观地反映模型性能。此时应该考虑使用其他指标评价模型的表现。常用的指标有 TPR(True Positive Rate)、FPR(False Positive Rate)以及 ROC(Receiver Operating Characteristic)曲线下的面积,即 AUC(Area Under ROC Curve)。

本章共设计了两组测试方法。第一种方法是在控制相同的 FPR(误判率,即安全企业中有多少被误判预警)水平下,比较模型的 TPR(准确率,即危机企业中有多少被正确预警)孰高。

一般的财务危机预警模型通常使用 AUC 来评价预警模型的效率。AUC 是 ROC 曲线下的面积,反映了综合 TPR 和(1－FPR)两个效率指标后的模型表现。模型训练者可以通过调节分割点权衡 TPR 和 FPR。如果一个模型在同样的 FPR 下,TPR 通常都高于另一个模型,那么其 AUC 面积越大,模型的效率越高。但这种方法并不太匹配本书财务危机预警逻辑。

主要原因是,DCFB 模型是一个绝对的现金流覆盖刚性兑付水平的财务危机预警模型,而非相对风险预警模型。正如预警步骤 4,企业会在确定性现金流无法覆盖刚性兑付现金流出,即确定性现金流减去刚性兑付现金流出小于 0 时被预警。与其他财务危机预警模型通过选择分割点提高预警效率的做法不同,本模型的分割点是固定为 0 的,是具有经济含义的。

考虑本模型的绝对性特征,直接按照常见的财务危机预警模型做法,通过比较 AUC 面积滑动分割点评价模型的效率并不合适。因此本书借鉴了 AUC 方法的思想,在同样 FPR 水平上比较 TPR 大小,TPR 越大的模型效率越高。这样一来,本模型不能改变分割点,可以调整对照模型的 FPR,使其等于本模型结果,之后对比模型的 TPR 表现。

正如第 2 章综述所提到的,除了 TPR 和 FPR 外,还有一个重要的预警模型效率指标,即 precision(精准率,即预警的企业中有多少是确实发生财务危机的),同样具备经济意义,也是比较模型效率时需要关注的指标。

5.2.1.2　方法二:本模型的预警效率的相对水平

存在一个导致本章模型需要调节分割点的原因,即信息环境问题。正如本书举例,上市公司公开信息中缺乏关于企业承担刚性兑付义务的经营性和融资性负债的时点、规模信息,缺乏关于业务现金流确定性特征的信息,缺乏公司资产的可处置性、处置变现价值、受限情况信息,缺乏大股东或母公司提供确定性再融资的规模、授信有效期和使用条件信息。这些信息可能导致经过简化和近似处理的信息不完备的现金流预警模型有偏,有效的分割点可能不是 0。

本章以两种方式调整模型,来降低信息不完备对模型效率的限制,评估预警模型的效率。作者认为，DCFB 模型是具备金融原理支撑且与以往理论和实证研究成果一致的，可能是信息不完备而非模型本身的问题，导致本书预警模型的实证预警效率表现不佳。要排除信息不完备的影响，证明模型本身的预警效率，需要放松一些模型的限制。方式一是考虑可调节的分割点，通过分割点的变化来优化模型，以 AUC 面积来评判 DCFB 模型与其他对比做法的预警效率，此时分割点的变化是在消除信息不完备对模型的限制，AUC 面积是有意义的。这是常规的财务危机预警模型研究的模型间效率比较方法。还有一种降低信息不完备对模型效率限制来评价本预警模型效率的方式见 5.5 节。

5.2.1.3 方法三：考察新增变量的预警边际价值

本章的贡献除了提出一种新的外部财务危机预警方法外，还在于提供了多个反映企业财务危机程度的重要指标。本章基于确定性现金流覆盖刚性兑付决定财务危机程度的思想，提供了四个新的自变量，分别反映了企业的刚性兑付现金流出、确定性经营活动现金净流入、确定性资产处置现金流入和确定性再融资现金流入，变量通过除以企业总资产进行标准化，如表 5-1 所示。

表 5-1 确定性现金流覆盖刚性兑付思想产生的四个新变量

变量名	变量代码	反映特征	指标解释
全部刚性兑付现金流出	$payment_{ex}$	刚性兑付现金流出	极端情景下企业的所有刚性兑付义务，包括融资性负债、或有负债
调整后的确定性经营活动现金净流入	$CONCF_{adj}$	确定性经营活动现金净流入	经过融资缺口调整的企业确定性经营活动现金净流入现值
确定性资产处置现金流入总额	$CICIF$	确定性资产处置现金流入	正常经营情况下企业可处置资产的现值
确定性再融资现金流入总额	$CFCIF$	确定性再融资现金流入	未出现首次重大不利事件时企业可以获得的再融资总额的现值

如果本书基于确定性现金流覆盖刚性兑付水平描述财务危机过程、度量财务危机风险的思想有效，本章提供的新变量被加入后，应当有助于提高传统财务危机预警方法预警效率。

此外，本章新增变量可能比对比方法的原有变量有更高的影响力和更强的解释力。而在机器学习方法中，将本章新增变量与原有 208 个自变量组成指标池进行自变量筛选时，本章新增变量会被模型选中，甚至在模型限制变量个数时，会先于传统自变量被机器学习算法选中。

5.2.2　数据来源与处理

本章选取中国 2013—2020 年 A 股上市公司为样本。之所以将 2013 年作为预警观测时点的起点，是由于本书对财务危机的界定是发生了公募债违约、金融借款违约、成为失信被执行人或实控人失去控制权。2014 年超日债违约以后，市场上才出现公募债违约的样本，金融借款违约和实控人丧失控制权的样本在 2014 年前也基本没有。因此观测时点最早为 2013 年。

在排除资产负债和与其他行业差别极大的金融行业上市公司后，本章还基于以下标准剔除了缺失关键变量的部分"公司—年度"观测值，主要是缺失分析师预测的未来经营活动现金净流量数据的样本。本章并未剔除被"特别处理"的、资不抵债的、退市的样本，这构成了本章危机样本的主要来源。本章最终获得 5649 个有效的"公司—年度"样本。

样本的实际分类结果有财务危机和安全两种。本章对危机企业的界定方式有两种。一种是基于严格的财务危机定义，包括企业出现过公募债违约事件，发生了"个人/民企—国资"的实控人变更且其变更公告和主流财经媒体报告出现"财务危机""财务困境""流动性冲击""破产风险""债务问题"等负面关键词，企业主体成为失信被执行人，或出现了银行、信托等金融机构胜诉的金融借款诉讼(取文书中记录的延迟支付的起始年份)。上述信息的来源是企业公告、Wind 数据库和北大法宝数据库。

另一种是宽泛的财务危机定义，除严格定义的违约事件外，还包括了能在公告或报道中检索到财务危机关键词的其他实控人变更种类，以及金融机构胜诉的借贷诉讼违约事件。样本的财务危机或安全分类及年份的分布如表 5-2 所示。

表 5-2　样本财务危机情况的分年份统计结果

年份		2014	2015	2016	2017	2018	2019	2020	总数	占比
严格定义	危机样本	3	7	18	26	45	57	40	196	3.47%
	安全样本	552	702	728	918	1021	947	585	5453	96.53%
宽泛定义	危机样本	11	21	32	56	95	103	62	380	6.73%
	安全样本	544	688	714	888	971	901	563	5269	93.27%
总样本数		555	709	746	944	1066	1004	625	5649	100.00%

信息不完备时的现金流预警过程使用的变量个数达 63 个，篇幅所限在此不呈现所有变量的描述性统计结果，而仅呈现实际分类结果变量和现金流预警模型贡献的四个新增变量的描述性统计结果，如表 5-3 所示。

表 5-3　全样本、财务危机及安全样本的描述性统计结果

	Panel A：全样本					Panel B：样本分类					
	均值	标准差	最大值	中位数	最小值	严格财务危机	严格安全	t 检验	宽泛财务危机	宽泛安全	t 检验
	(1)	(2)	(3)	(4)	(5)	(6)	(7)	(8)	(9)	(10)	(11)
宽泛财务危机	0.07	0.25	1.00	0.00	0.00	—	—	—	1.00	0.00	—
严格财务危机	0.04	0.18	1.00	0.00	0.00	1.00	0.00	—	—	—	—
$payment_{ex}$	4.25	8.16	12.24	−0.50	−2.51	−0.52	4.29	4.81***	0.39	4.32	3.93***
$CONCF_{adj}$	0.52	0.40	4.43	0.42	0.01	0.51	0.52	0.01***	0.44	0.53	0.09***
$CICIF$	0.09	0.10	0.67	0.06	0.00	0.09	0.09	−0.01**	0.10	0.09	−0.02**
$CFCIF$	0.18	0.13	0.90	0.15	0.01	0.19	0.18	−0.01***	0.16	0.18	−0.02***
N	—	—	—	—	—	196	5453	—	380	5269	—

表 5-3 的 Panel A 是全样本的描述性统计，本章报告了各变量的最大值、最小值、中位数、均值和标准差。Panel B 是财务危机和安全两类样本的统计数据，第(6)(7)(9)(10)列分别是严格定义和宽泛定义下财务危机与安全两类样本的变量均值。第(8)(11)列报告了财务危机和安全两类样本的各变量均值之差。从中可知，四个新增变量在财务危机和安全两类间存在显著的均值差异，这可以部分说明新增变量对预警的贡献。新增变量中，安全样本比危机样本具有更高的确定性经营活动现金净流入，却具有更低的资产处置现金流入和再融资现金流入，这可能是由于安全企业不需要储备更多的可处置资产和确定的再融资额度。

5.2.3　财务危机预警对比做法的变量构造

5.2.3.1　常见财务危机预警模型与变量

本书选取了流动比率、速动比率、利息保障倍数、王竹泉修正的流动比率（王竹泉等，2020）、Z-值（Altman，1968；Altman et al.，1977）、Shumway 模型（Shumway，2001）、CHS 模型（Campell et al.，2008）和机器学习方法支持向量机方法作为对比方法，评价本章提出的现金流预警模型的表现。

前四者是比率类单一指标分类方法。其思路是以企业部分还款来源为分子，以部分刚性兑付为分母，通过比较分子和分母的差异大小来评价企业财务危机风险。这种比较企业还款能力和兑付义务的思想与本章思路相似，但他们并非比较绝对的还款能力覆盖兑付义务程度，而是通过选择一个相对预警效率高的分割点，作为分类的标准，与本书考察的绝对的确定性现金流覆盖刚性兑付水平有本质差别。

单一指标分类器因为其操作简单，被广泛使用。流动比率与速动比率考察了企业可快速处置的存量流动资产覆盖流动负债的程度。利息保障倍数衡量了企业生产经营所获得的息税前利润与利息费用之比，侧重于评估企业流量还款能力覆盖利息费用的程度。在此基础上，王竹泉等（2020）意识到要兼顾存量资产和流量未来现金流作为企业还款能力综合，从而引入未来现金流概念对流动比率进行修正，提出了短期金融性负债流动比率（综合）。不过他使用了未来真实现金流作为当下时点判断依据，不符合财务危机预警的信息特征。

后面三种对比方法是通过多指标加权获得与企业财务危机风险相关的指数。Altman（1968）财务比率模型（Z-值模型）使用了传统会计信息，

Shumway(2001)模型与 Campell 等(2008)模型(CHS 模型)则综合使用了财务指标与市场指标。以上对比方法使用的自变量如表 5-4 所示。

表 5-4 单一指标分类和多指标加权预警方法使用的自变量

<table>
<tr><th>分类方法</th><th>对比方法</th><th>变量代码</th><th>变 量 解 释</th></tr>
<tr><td rowspan="4">单一指标分类</td><td>流动比率</td><td>CR</td><td>流动资产/流动负债</td></tr>
<tr><td>速动比率</td><td>QR</td><td>速动资产/流动负债</td></tr>
<tr><td>利息保障倍数</td><td>IPM</td><td>企业生产经营所获得的息税前利润与利息费用之比</td></tr>
<tr><td>修正流动比率</td><td>RCR</td><td>短期金融性负债流动比率(综合)=短期金融性负债流动比率(存量)+短期金融性负债流动比率(流量)=营运资金/短期金融性负债+未来一年的经营活动现金净流量之和/短期金融性负债</td></tr>
<tr><td rowspan="18">多指标加权方法</td><td rowspan="5">Altman-Z 值模型</td><td>WCTA</td><td>营运资本/总资产</td></tr>
<tr><td>RETA</td><td>留存收益/总资产</td></tr>
<tr><td>EBIT</td><td>息税前利润/总资产</td></tr>
<tr><td>MTL</td><td>权益市值/债务面值</td></tr>
<tr><td>STA</td><td>销售收入/总资产</td></tr>
<tr><td rowspan="5">Shumway 模型</td><td>NITA</td><td>净利润/总资产</td></tr>
<tr><td>TLTA</td><td>总负债/总资产</td></tr>
<tr><td>SIGMA</td><td>波动率,股票市场日收益率的年化标准差</td></tr>
<tr><td>EXCESS</td><td>超额收益率,年收益率与市场按市值加权平均收益率之差</td></tr>
<tr><td>RSIZE</td><td>相对规模,公司年末股票市值与沪深股市市值总和比值的对数值</td></tr>
<tr><td rowspan="8">CHS 模型</td><td>NIMTA</td><td>净利润/经市值调整的总资产,经市值调整的总资产等于股权市值与负债账面价值之和</td></tr>
<tr><td>TLMTA</td><td>总负债/经市值调整的总资产</td></tr>
<tr><td>CASHMTA</td><td>现金/经市值调整的总资产</td></tr>
<tr><td>SIGMA</td><td>波动率,股票市场日收益率的年化标准差</td></tr>
<tr><td>EXCESS</td><td>超额收益率,年收益率与市场按市值加权平均收益率之差</td></tr>
<tr><td>PRICE</td><td>年末股票价格的对数值</td></tr>
<tr><td>RSIZE</td><td>公司年末股票市值与沪深股市市值总和比值的对数值</td></tr>
<tr><td>MB</td><td>市值账面比,股票年末市值/账面价值</td></tr>
</table>

5.2.3.2　常用机器学习方法及指标池的构建

第三类对比方法是近期学界更为主流的机器学习方法。本章主要选择支持向量机方法作为机器学习方法范畴的对比方法，主要原因是其更适合被用于研究样本分布不均匀的分类问题。

将多项指标作为特征，对公司的财务危机情况进行预警，是一个典型的分类问题。在机器学习中，常用的分类模型有逻辑回归，支持向量机(Support Vector Machine，SVM)、树模型和神经网络等。逻辑回归和 SVM 都属于线性模型，而相比于逻辑回归，SVM 对数据中的噪声不敏感，具有更好的鲁棒性。树模型与线性模型相比更加直观，解释力强。但是树模型处理缺失值的能力有限且不适合连续性变量，同时树模型很容易出现过拟合，使模型的泛化能力较差。神经网络模型近年来广受关注，在有大量的数据做支撑时，神经网络往往可以展现出远超传统模型的学习能力。本书数据具有特征较多且以连续变量为主、样本量小的特点，综合考虑各模型的优劣与本书数据的特点，最终采用 SVM 模型对数据进行学习。

本章按机器模型训练的常规做法，将 70%的数据划分为训练集，30%的数据划分为测试集，所有的模型性能评估都是在测试集上进行。在训练模型之前，本章首先对数据进行标准化，以消除不同特征之间量纲的差异。之后，在训练集上采用 3 种交叉验证的方法筛选特征，选出学习效果最好的特征集。最后利用这些特征训练 SVM 模型，得到最终的财务危机预警模型。

机器学习方法所用指标池为 208 个财务危机预警实证研究常用的数据指标，包括财务指标和非财务指标。变量分类、个数及具体变量见表 5-5。

表 5-5　机器学习方法所用指标池说明

指标类型	变量分类	变量数	变量名称
财务指标	偿债能力	12	流动比率，速动比率，保守速动比率，现金比率，现金流动负债比，非筹资性现金净流量与流动负债的比率，长期负债占比，利息保障倍数，现金流量利息保障倍数，流动资产与流动负债之差绝对值的自然对数，现金净流量/总负债，现金净流量/流动负债

续表

指标类型	变量分类	变量数	变 量 名 称
财务指标	成长能力	13	基本每股收益增长率,营业收入增长率,营业利润增长率,净利润增长率,利润总额增长率,归属母公司股东的净利润增长率,经营活动产生的现金流量净额增长率,净资产增长率,总负债增长率,总资产增长率,货币资金增长率,资本项目规模维持率,固定资产投资扩张率
	分红能力	5	每股分红送转,每股股利(税前),年度累计分红总额,年度现金分红比例,3年累计分红占比
	收益质量	5	经营活动净收益/利润总额,营业外收支净额/利润总额,扣除非经常损益后的净利润/净利润,所得税/利润总额,主营业务利润贡献率
	现金流量	8	经营活动产生的现金流量净额/营业收入,经营活动产生的现金流量净额占比,经营性现金净流量/营业总收入,资本支出/折旧和摊销,投资活动产生的现金流量净额占比,筹资活动产生的现金流量净额占比,全部资产现金回收率,现金营运指数
	盈利能力	31	每股营业总收入,每股收益,每股净资产,每股资本公积,每股盈余公积,每股未分配利润,每股息税前利润,每股现金流量净额,每股经营活动产生的净现金流量,每股企业自由现金流量,每股股东自由现金流量,总资产报酬率,总资产净利率,净资产收益率,投入资本回报率,人力投入回报率,主营业务比率,销售毛利率,销售净利率,销售成本率,销售期间费用率,息税前利润/营业总收入,营业利润/营业总收入,营业总成本/营业总收入,财务费用/营业总收入,管理费用/营业总收入,资产减值损失/营业总收入,资产减值损失/营业利润,EBITDA/营业总收入,留存收益/总资产,息税前利润/平均总资产
	营运能力	12	营业周期,存货周转天数,应收账款周转天数,应付账款周转天数,净营业周期,存货周转率,应收账款周转率,流动资产周转率,固定资产周转率,非流动资产周转率,总资产周转率,应付账款周转率
	资本结构	11	资产负债率,有形资产/总资产,流动资产/总资产,流动负债权益比率,权益乘数,流动负债/负债合计,归属母公司股东的权益/全部投入资本,带息债务/全部投入资本,资本固定化比率,股权市值/总负债,股权账面价值/总负债

续表

指标类型	变量分类	变量数	变量名称
非财务指标	股权结构	8	国有资本比例，机构投资者持股比例，高管持股比例，流通股比例，董事会成员和内部人士的持股比例，大股东质押比率，产权性质，股权集中度
	公司治理	4	独立董事比例，董事长与总经理是否兼任，前十大股东是否存在关联，董事会规模
	会计信息质量	3	审计任期，审计意见，是否“十大”审计
	市场竞争	4	市场占有率，所在行业排名，融资成本，银行授信额度
	其他常见控制变量	3	企业规模，市价账面比，上市年限

5.3 模型检验与主要结果

5.3.1 DCFB 模型的 TPR 比较结果

由于 DCFB 模型使用固定的分割点，本节呈现在将对比做法的 FPR 调整为与 DCFB 模型效率一致时，对比做法的 TPR 与 DCFB 模型 TPR 的比较结果。对比做法预警效率的检验需要将样本集分为训练集和测试集，作者基于普遍做法，将样本集随机分为包含 70%数据的训练集和 30%数据的测试集，在训练集中统计分析，确定模型和分割点，再在测试集中进行预警测试，汇报测试集中的预警效率。

表 5-6 为宽泛定义下的对比结果。在 FPR 一致时，在预测窗口期为未来一年到未来五年时，DCFB 模型的 TPR 远超流动比率、速动比率、利息保障倍数、王竹泉修正的流动比率和 Z-值模型，与 Shumway 模型性能相当。表 5-7 为严格定义下的对比结果。与流动比率、利息保障倍数和王竹泉修正的流动比率模型相比，DCFB 模型通常有更高的 TPR 或与最优结果相当。不过在 $t=1$ 时 DCFB 模型与流动比率模型，以及 $t=5$ 时 DCFB 模型与 Shumway 模型的 TPR 均相差超过 4 个百分点。DCFB 模型与机器学习模型性能差距较大，原因可能是本书所需现金流数据缺失和偏差问题比较严重，5.5 节进一步讨论存在信息环境问题的模型调整方法。

表 5-6 宽泛定义下 DCFB 模型的 TPR 比较情况

窗口期	FPR	TPR							
		DCFB 模型	Shumway	Z_score	curratio	quickratio	coveratio	wzqcurratio	SVM
未来 1 年	0.248	0.304	0.315	0.183	0.193	0.180	0.239	0.237	0.408
未来 2 年	0.250	0.320	0.331	0.175	0.187	0.179	0.238	0.215	0.504
未来 3 年	0.255	0.322	0.339	0.189	0.181	0.181	0.270	0.216	0.541
未来 4 年	0.257	0.320	0.344	0.199	0.183	0.190	0.280	0.224	0.535
未来 5 年	0.249	0.326	0.429	0.218	0.166	0.167	0.262	0.202	0.676

表 5-7 严格定义下 DCFB 模型的 TPR 比较情况

窗口期	FPR	TPR							
		DCFB 模型	Shumway	Z_score	curratio	quickratio	coveratio	wzqcurratio	SVM
未来 1 年	0.252	0.242	0.239	0.222	0.283	0.258	0.278	0.301	0.500
未来 2 年	0.254	0.280	0.266	0.213	0.243	0.228	0.276	0.264	0.533
未来 3 年	0.260	0.298	0.271	0.223	0.223	0.217	0.302	0.253	0.495
未来 4 年	0.262	0.298	0.252	0.236	0.217	0.209	0.316	0.244	0.643
未来 5 年	0.256	0.309	0.357	0.254	0.199	0.199	0.304	0.222	0.621

总体上本章模型有与已有主流回归模型相当的预警效率，不过与机器学习方法预警效率有明显差距。虽然在短期内的表现可能不如常规流动比率、速动比率的预警效率，且全时段的预警效率略次于 Shumway 模型，次于 CHS 模型和机器学习方法，不过这可能有信息环境的影响。由于大量关键信息的缺失，DCFB 模型的表现可能不如加入了股票市场股价反映信息的 CHS 模型和加入了各种信息的机器学习方法。但本章会通过 5.3.2 节加入分割点选择后的模型效率，5.3.3 节现金流预警思路下新增变量的贡献，以及 5.5 节加入信息环境调整参数后的模型效率，进一步证明本书现金流预警思想的价值。

5.3.2　DCFB 模型的 AUC 比较结果

本节讨论 DCFB 模型与其他模型的 AUC 表现。表 5-8 为宽泛定义下的对比结果。在宽泛违约情况中，DCFB 模型 AUC 仅在 $t=5$ 时略低于 Shumway 模型，在其他情况下，DCFB 模型 AUC 均超过其他所有回归模型。表 5-9 为严格定义下的对比结果，DCFB 模型在严格定义情况下也有一致的优秀表现。DCFB 模型 AUC 除在 $t=1$ 时略低于王竹泉修正的流动比率模型，以及在 $t=5$ 时略低于 Shumway 模型，在其他情况下 DCFB 模型均有优于其他回归模型的 AUC 表现。总体来看，DCFB 模型 AUC 表现一致良好，超过其他对比回归模型，不过仍次于机器学习方法的预警表现。

表 5-8　宽泛定义下 DCFB 模型的 AUC 比较情况

窗口期	DCFB 模型	Shumway	Z_score	curratio	quickratio	coveratio	wzqcurratio	SVM
未来 1 年	0.565	0.545	0.561	0.548	0.541	0.534	0.525	0.606
未来 2 年	0.570	0.558	0.564	0.550	0.545	0.537	0.537	0.617
未来 3 年	0.571	0.560	0.562	0.549	0.542	0.521	0.538	0.637
未来 4 年	0.572	0.566	0.551	0.544	0.537	0.519	0.531	0.668
未来 5 年	0.586	0.620	0.524	0.553	0.545	0.530	0.538	0.688

表 5-9　严格定义下 DCFB 模型的 AUC 比较情况

窗口期	DCFB 模型	Shumway	Z_score	curratio	quickratio	coveratio	wzqcurratio	SVM
未来 1 年	0.535	0.484	0.511	0.529	0.525	0.540	0.548	0.607
未来 2 年	0.550	0.513	0.525	0.511	0.505	0.519	0.523	0.649
未来 3 年	0.564	0.523	0.529	0.501	0.504	0.525	0.506	0.685
未来 4 年	0.570	0.512	0.525	0.503	0.506	0.528	0.506	0.689
未来 5 年	0.581	0.591	0.501	0.514	0.517	0.520	0.502	0.711

5.3.3　新增现金流变量的贡献

基于现金流预警思想，本书构建的变量也可提高已有模型的预警效率，包括机器学习方法。本节用两种方法实证新增变量的贡献。首先是借鉴原有模型的回归方法，以新增变量为自变量进行预警分析。然后再将原有模型的自变量和新增自变量共同放入模型中进行预警。

表 5-10 和表 5-11 展示了宽泛定义下，Shumway 模型和 CHS 模型基于不同自变量预警的 TPR 和 AUC 预警效率。其中名为“Origin”的列展示了原有模型变量的预警结果，“New”列展示了基于原有模型方法，利用本书提出的新增变量进行预警的结果，而“Origin＋New”列展示了同时使用原有变量和新增变量的预警结果。

表 5-10　对比方法采用不同变量的 TPR 比较情况

窗口期	FNR	Shumway 模型			CHS 模型		
		Origin	New	Origin＋New	Origin	New	Origin＋New
未来 1 年	0.248	0.315	0.397	0.459	0.315	0.429	0.459
未来 2 年	0.250	0.331	0.418	0.403	0.329	0.418	0.442
未来 3 年	0.255	0.339	0.429	0.528	0.378	0.418	0.539
未来 4 年	0.257	0.344	0.414	0.495	0.379	0.374	0.443
未来 5 年	0.249	0.429	0.391	0.417	0.488	0.391	0.583

表 5-11　对比方法采用不同变量的 AUC 比较情况

窗口期	Shumway 模型			CHS 模型		
	Origin	New	Origin＋New	Origin	New	Origin＋New
未来 1 年	0.545	0.598	0.667	0.576	0.603	0.681
未来 2 年	0.558	0.611	0.622	0.570	0.612	0.631
未来 3 年	0.560	0.614	0.654	0.594	0.615	0.664
未来 4 年	0.566	0.611	0.648	0.597	0.610	0.675
未来 5 年	0.620	0.608	0.607	0.653	0.604	0.726

如两表所示，即使单独使用新增变量，也可以明显提升 Shumway 模型和 CHS 模型的预警效果，无论是 AUC 还是 TPR 都显著提高。在结合新增变量与原模型变量后，模型的性能还可以进一步得到提升。

表 5-12 展示了新增变量对 SVM 机器学习模型的影响，此处考虑严格定义下的企业财务危机界定。在加入新增变量后，可以在提高 SVM 模型

TPR 的同时降低模型的 FPR，全面提升了模型的预警效率。此外模型的 AUC 和精准率在长期预警效率上也全面提升。此外，新增变量的影响力基本排在原有 208 个变量之前，新增变量对财务危机预警的影响力高于常用的财务、非财务指标。综上所述，基于现金流预警思路产生的新增变量能贡献高于传统财务、非财务自变量的预警价值，提升现有模型的预警效率。

表 5-12　SVM 模型采用不同变量的预警效率比较情况

窗口期	TPR		FPR		Precision		AUC	
	Origin	Origin+New	Origin	Origin+New	Origin	Origin+New	Origin	Origin+New
未来 1 年	0.427	0.427	0.152	0.185	0.163	0.138	0.607	0.541
未来 2 年	0.549	0.586	0.228	0.253	0.199	0.193	0.649	0.663
未来 3 年	0.558	0.529	0.273	0.253	0.258	0.262	0.685	0.695
未来 4 年	0.580	0.590	0.263	0.248	0.375	0.393	0.689	0.710
未来 5 年	0.640	0.653	0.230	0.209	0.557	0.585	0.711	0.726

比较表 5-10、表 5-11 和表 5-12 发现，新增现金流变量对统计回归模型预警效率的提升作用，不及统计模型从一般统计回归方法转变为机器学习方法的提升作用。机器学习模型有捕捉不同变量间交互效应、非线性关系的优势，相比于传统统计回归方法能更精准地学习到违约企业的特征，达到高预测准确性。本书实证结果说明，加入现金流变量对主流模型预警效率的提升不如机器学习方法在捕捉变量交互效应、非线性关系中的积极作用。这可能是学者们热衷于将前沿机器学习应用于财务危机预警，而缺乏从信息不完备的企业现金流推进财务危机预警研究动力的原因。

5.4　本章模型的边际贡献

相较于单一指标分类器、多指标加权回归分析和机器学习方法，本章模型除了直观地提高模型预警效率外，还有如下的优势和边际贡献。

第一个重要优势是标准化，这便于主体间协商讨论。已有的财务危机预警模型极具多样性，很难分清不同模型的优劣、样本集不同选择的优劣、模型训练者的优劣。因此在企业正常经营时企业或投资人看见同业发生财务危机试图治理企业时，在企业陷入财务危机与潜在投资人磋商救济措施时，矛盾的预警结果是无法调和的，这影响潜在交易的实现。对濒临违约的危机企业，交易磋商耗费的时间价值是巨大的。

而应用 DCFB 模型进行讨论时，企业与外部利益相关方的讨论基于同样的现金流运算流程，双方对财务危机程度、风险的分歧实际上是对具体的某项现金流科目的假设的认知差异。而对具体现金流的认知分歧是可以通过提供佐证假设的信息来快速协调的。

第二个优势是能反映预计违约年份。已有的财务危机预警模型能评估企业是否可能发生财务危机，但无法预测企业具体的财务危机、债务违约时点。即便是通过调整因变量形成了发生预警状态突变的年份，也并不能说明企业的财务危机时点。例如，已有模型可以以未来 n 年发生财务危机和未来 $n+1$ 年发生财务危机作为两个因变量进行建模，一家企业在未来 n 年未被预警，在 $n+1$ 年被预警了，也不意味着模型预测企业可能在第 $n+1$ 年发生违约。这是因为以 n 年内和 $n+1$ 年内是否违约为因变量的两个回归分析已经意味着分析和评价财务危机框架的差异，不能将 n 年的预警结果直接与 $n+1$ 年的结果合并讨论。

而 DCFB 模型则可以通过观察累计现金缺口或盈余科目何时首次为负对企业违约时点进行预判。此外，DCFB 模型还能反映融资缺口存在、需要通过资产处置或再融资补充流动性的时点。这有助于企业结合自身从资本市场融资的摩擦特征，提前进行流动性管理。

第三个优势是 DCFB 模型能提前、稳定地产生预测。已有财务危机预警模型，变更观测窗口期会对分类有较大的影响，同一家企业很可能在观测期间多次发生预测状态的变更，影响企业的经营行为和投资人的抽资决策，造成企业经营和融资的高波动性。

而 DCFB 模型对企业的预警结果是比较稳定的，一家企业随着观察时点的推进、预测窗口期的延长，不容易发生预警状态的来回变动。更重要的是，从 5.3 节可以看出，虽然窗口期在 1 年时，DCFB 模型有时表现不如流动比率、速动比率，但在窗口期较长时，DCFB 模型的优势是比较突出的。

第四个优势是 DCFB 模型有助于企业和投资人进行财务危机的治理。已有的财务危机预警模型是以实证评估风险概率或损失为主要目的的，模型产出的拟合值是一个打分（Altman，1968）或是一个 0～1 之间的违约概率（Ohlson，1980）。但预警的拟合结果只能引导外部投资人抽资，继而产生企业进行关键自变量指标财务操纵的激励。

而 DCFB 模型可以辅助企业治理财务危机。企业可以针对特定时点的融资缺口提前筹备流动性，可以评价财务危机的出现主要是因为过高的刚性兑付还是经营活动现金净流入能力太低，可以进行相应的股权融资替换债务，或者对导致经营活动低现金净流入的具体业务、具体现金流进行战略调整，并据此与相关方谈判，或者通过调整金融资产配置和筹备再融资增加或有融资缺口的流动性补偿能力。

5.5　对信息环境问题的进一步讨论

5.5.1　加入信息环境调整参数的现金流预警模型

DCFB 模型预警效率受限于现有信息环境和政策制度，数据可能存在缺失、偏差问题。

在确定性资产处置现金流入方面，目前年度报告中并不汇报金融资产和投资性房地产以外的资产变现价值。此外，企业可能存在多项资产受限的问题，尤其是货币资金、被抵质押的金融资产和机械设备、厂房土地，但目前不存在受限资产数据库，且企业汇报受限资产的位置、格式、表述五花八门，很难抓取。最后，企业也并不汇报资产中可处置的非核心部分，导致现金流预警测算时只能按资产的科目进行计算。上述三方面信息披露问题导致确定性资产处置现金流入的科目、评估可能是有偏差的，且科目偏差特征是企业间的共性。

在确定性再融资现金流入方面，目前年度报告中并不汇报大股东或母公司持有的(母公司层面而非合并报表层面)金融资产、可处置或可抵押资产价值。银行授信也并非所有企业都需披露的科目，披露授信的企业几乎都不说明此授信的有效期，不说明授信是基于项目的授信还是企业流动性资金借款授信，前者的放款需满足前提条件，并不是灵活可提取用于补偿融资缺口的。企业增发也缺乏以现金形式募资金额、有效期信息。

而确定性经营活动现金流方面的信息披露问题就更加严重了。企业几乎不描述业务盈利、现金流的稳定性特征，而着重介绍公司的竞争优势、业务的增长空间，意在吸引股权投资人。本章基于业务历史盈利状况的变异系数区分出利润、现金流中的确定性部分，是不得已的选择，一定存在偏差。

最后是企业的刚性兑付现金流出方面。企业除了一年内短期、长于一年的长期的期限区别外，几乎不披露融资性负债的还款时点特征，也并不总是披露企业的最长借款期限、长期借款利息率。此外，一些债务带有提前到期条款，但公开信息中只能看到公募债的强制赎回、交叉违约条款，却无法衡量企业其他负债的到期时点的不确定性。由于企业刚性兑付现金流出发生的时点信息缺失，导致计算企业现金流覆盖刚性兑付情况的窗口期可能有偏差，对预警结果的影响同样很大。

上述信息环境的偏差是 DCFB 模型在特定情况下预警效率弱于 Shumway 模型、CHS 模型，在短期预警时效率低于流动比率、速动比率的重要原因。本节在信息不完备的现金流预警模型中加入有偏变量的信息环境调整参数，放松信息不完备对预警模型的限制，评价模型预警效率。如果模型效率能在调整信息偏差后显著提高，则可以从侧面佐证 DCFB 模型的预警效率，并且证明信息偏差是限制 DCFB 模型预警效率的重要原因。

在加入信息环境调整参数的现金流模型中，作者为上述存在信息缺失或偏差问题的变量加上了信息参数系数，调整本章基于现金流预警模型的改进方法。具体而言，本方法需要在基础的通过确定性现金流预警的计算过程中，对一些关键科目加上信息参数，并采用最简单的最小二乘估计方法对预警函数进行非线性最优化，并对信息参数进行估计。预警函数如公式(5-6)至公式(5-12)，由于篇幅所限，公式(5-10)至公式(5-12)没有以具体科目形式展示。

最优化预警函数：

若 min(STbasic，STextreme，LT，0) $<$ 0，　则预警危机　(5-6)

其中：

STbasic ＝ min((分析师预期下一年经营性现金流 $\times$
β_1 确定现金流占比 $-$ 短期刚性兑付 $-$
$\beta_2 \times \beta_3$ 或有刚性兑付)/(1 $+$ β_4 长期借款利息率)，0) $+$
β_5 货币资金 $+$ β_6 交易性金融资产 $+$
β_7 可供出售的金融资产 $+$ β_8 未使用银行授信余额 $+$
β_9 大股东抵质押借款余额 $+$ β_{10} 获准尚未发行增发余额　(5-7)

STextreme ＝ min((分析师预期下一年经营性现金流 $\times$
β_1 确定现金流占比 $-$ 短期刚性兑付 $-$ β_3 或有刚性兑付 $-$
β_3 长期刚性兑付)/(1 $+$ β_4 长期借款利息率)，0) $+$
β_5 货币资金 $+$ β_6 交易性金融资产 $+$
β_7 可供出售金融资产 $+$ $0.2\beta_{11}$ 存货 $+$
$0.2\beta_{12}$ 无形资产 $+$ $0.2\beta_{13}$ 固定资产 $+$
$0.2\beta_{14}$ 在建工程 $+$ $0.2\beta_{15}$ 长期股权投资　(5-8)

LT ＝ min(现金盈余或缺口$_1$，现金盈余或缺口$_2$，现金盈余或缺口$_3$，
现金盈余或缺口$_4$，现金盈余或缺口$_5$，0)　(5-9)

其中：

$$\text{现金盈余或缺口}_1 = \text{第一年融资缺口} + \text{正常经营情况下的可处置资产现金流入余额} + \text{正常经营情况下的再融资现金流入余额} \quad (5\text{-}10)$$

$$\text{现金盈余或缺口}_2 = \text{第二年融资缺口(使用第一年现金盈余余额后)} + \text{正常经营情况下的可处置资产现金流入余额} + \text{正常经营情况下的再融资现金流入余额} \quad (5\text{-}11)$$

$$\text{现金盈余或缺口}_{3\sim5} = \text{当年融资缺口(使用累计现金盈余余额后)} + \text{正常经营情况下的可处置资产现金流入余额} + \text{正常经营情况下的再融资现金流入余额(排除获准增发)} \quad (5\text{-}12)$$

公式(5-6)融合了公式(5-1)至公式(5-3),即企业会在三笔刚兑中任一笔无法被确定性现金流覆盖时预警,公式(5-7)展示了正常经营情景下未来一年确定性现金流入能否覆盖刚性兑付现金流出的算式,公式(5-8)则是极端情景下的算式。公式(5-9)到公式(5-12)则是企业正常经营且会在任意确定性现金流无法覆盖刚兑的时点发生财务危机的情景下,未来五年间确定性现金流入能否覆盖刚性兑付现金流出的算式。

被加上信息参数系数的变量有企业确定性业务占比、长期利息率、各种借款、各种可变现可处置资产等共计 15 个变量。作者对公式(5-6)进行非线性最优化,估计出最优的信息参数,再基于拟合结果对样本进行预警,获得信息环境调整后的模型预警效率。

5.5.2 经过信息环境调整后的模型预警效率

加入信息参数后的预警模型的最优化实现难度较大,本小节将公式(5-6)输入到一个 Logistic 函数中,映射为一个违约风险概率,通过判定财务危机风险是否大于 0.5 来对样本进行财务危机预警,如此能使用成熟的 Logistic 函数最优化程序简化模型优化的过程。这样一来,加入信息参数后的预警模型就存在一个可以变动的阈值 0.5 了,AUC 面积因此存在意义。于是本小节采用比较 AUC 高低的方法来比较不同财务危机预警模型的预警效率。

在加入信息参数后,经过 Logistic 函数的最优化,本书财务危机预警模型的预警效率显著提高,远超过其他对比模型,甚至优于机器学习方法的预警效率。

表 5-13 是宽泛定义下的预警效率对比结果,在预测窗口期为未来一年到未来三年时,调整后的 DCFB 模型的 AUC 远超对比回归模型;在预测窗

口期为未来四年到未来五年时，调整后 DCFB 模型的 AUC 不及 Shumway 模型，但仍超过其他回归模型。在预测窗口期为未来一年时，调整后的 DCFB 模型的 AUC 超过了运用相同自变量的机器学习模型，但仍不及运用全部指标池的大数据机器学习模型。在预测窗口期为未来两年至未来五年时，调整后的 DCFB 模型的 AUC 不及机器学习模型，不论是相同自变量的 SVM 模型还是大数据 SVM 模型。表 5-13 的最右列是输入不同自变量时 SVM 模型的表现，分别指输入与 DCFB 模型相同的自变量、只输入本模型构建的四个新增自变量、输入相同自变量和新增的四个自变量、输入指标池大数据自变量、输入大数据自变量和新增的四个自变量。由表 5-13 可知，在预测窗口期为未来一年至未来四年时，新增变量的预警效率不及相同自变量；在预测窗口期为未来五年时，新增变量的预警效率与相同自变量相当(即 AUC 差异在 0.02 以内)。输入相同自变量和新增的四个自变量的 SVM 预警效率与相同自变量差异不大，在预测窗口期为未来两年、未来三年时不及仅采用相同自变量。大数据自变量能产生比调整后的 DCFB 模型更高的 AUC 预警效率，在此基础上新增四个现金流相关变量能显著提升 SVM 模型的预警效率，提升幅度为 0.05—0.33。

表 5-14 是严格定义下的预警效率对比结果，在预测窗口期为未来一年到未来四年时，调整后 DCFB 模型的 AUC 远超对比回归模型；在预测窗口期为未来五年时，调整后 DCFB 模型的 AUC 不及 Shumway 模型，但仍超过其他回归模型。在预测窗口期为未来一年、未来两年时，调整后的 DCFB 模型的 AUC 超过了运用相同自变量的 SVM 模型，甚至预测窗口期为未来一年的调整后的 DCFB 模型的 AUC 超过了运用指标池大数据自变量的 SVM 模型。在预测窗口期为未来三年至未来五年时，调整后的 DCFB 模型的 AUC 不及机器学习模型，不论是相同自变量的 SVM 模型还是大数据 SVM 模型。由表 5-14 的最右列可知，在预测窗口期为未来一年、未来两年和未来五年时，新增变量的预警效率与相同自变量相近，甚至超过运用相同自变量的 SVM 模型预警效率。输入相同自变量和新增的四个自变量的 SVM 预警效率通常高于仅输入相同自变量的 SVM 模型，AUC 提升幅度为 0.03—0.39。大数据自变量在预测窗口期为未来三年至未来五年时，能产生比调整后的 DCFB 模型更高的 AUC 预警效率，在此基础上新增四个现金流相关变量，除预测窗口期为未来一年的情景之外，其余四种情景均能显著提升 SVM 模型的预警效率，提升幅度为 0.10—0.21。以严格定义下的财务危机预警场景为例，经过信息环境调整后的 DCFB 模型的 ROC 曲线如图 5-2 所示。

表 5-13　宽泛定义下加入信息参数后本模型的 AUC 比较情况

窗口期	本模型	Shumway	Z_score	curratio	quickratio	coveratio	wzqcurratio	SVM(同、+、同+、大、大+)
未来 1 年	0.612(+−)	0.545	0.561	0.548	0.541	0.534	0.525	0.606、0.589(−)、0.606(～)、0.626、0.634(+)
未来 2 年	0.586(−−)	0.558	0.564	0.550	0.545	0.537	0.537	0.617、0.596(−)、0.610(−)、0.637、0.667(+)
未来 3 年	0.578(−−)	0.560	0.562	0.549	0.542	0.521	0.538	0.634、0.598(−)、0.624(−)、0.641、0.674(+)
未来 4 年	0.564(−−)	0.566	0.551	0.544	0.537	0.519	0.531	0.668、0.651(−)、0.667(～)、0.687、0.692(+)
未来 5 年	0.572(−−)	0.620	0.524	0.553	0.545	0.530	0.538	0.688、0.686(～)、0.689(～)、0.696、0.710(+)

表 5-14　严格定义下加入信息参数后本模型的 AUC 比较情况

窗口期	本模型	Shumway	Z_score	curratio	quickratio	coveratio	wzqcurratio	SVM(同、+、同+、大、大+)
未来 1 年	0.609(++)	0.516	0.511	0.529	0.525	0.540	0.548	0.546、0.544(～)、0.585(+)、0.607、0.541(−)
未来 2 年	0.604(+−)	0.513	0.525	0.511	0.505	0.519	0.523	0.581、0.599(+)、0.607(+)、0.649、0.663(+)
未来 3 年	0.594(−−)	0.523	0.529	0.501	0.504	0.525	0.506	0.637、0.618(−)、0.634(～)、0.685、0.695(+)
未来 4 年	0.604(−−)	0.512	0.525	0.503	0.506	0.528	0.506	0.660、0.653(−)、0.663(+)、0.689、0.710(+)
未来 5 年	0.584(−−)	0.591	0.501	0.514	0.517	0.520	0.502	0.695、0.695(～)、0.701(+)、0.711、0.726(+)

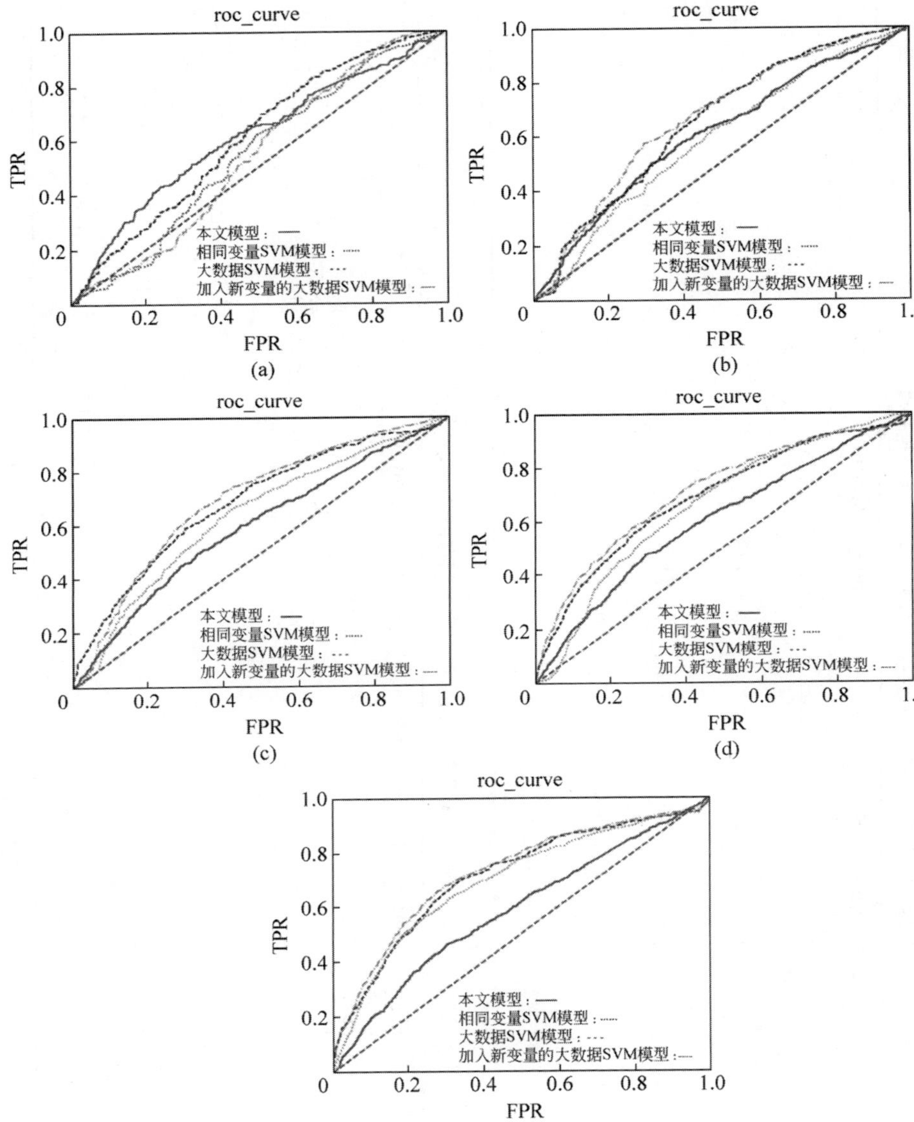

图 5-2 严格财务危机定义下调整后 DCFB 模型与对比模型的预警 ROC 曲线（见文前彩图）

（a）未来一年的危机预警模型效率；（b）未来两年的危机预警模型效率；（c）未来三年的危机预警模型效率；（d）未来四年的危机预警模型效率；（e）未来五年的危机预警模型效率

对现金流预警模型进行非线性最优化会产生 15 个关键科目的信息偏差参数，作者对不同违约定义、不同窗口期各采用了 10 种优化方法，每个信息偏差参数估计值的均值和中位数见表 5-15。

表 5-15　关键科目的信息偏差参数估计值

信息偏差参数	对应科目	均　值	中位数
β_1	确定性现金流占比	108.78%	108.58%
β_2	或有刚性兑付时点分布	75.22%	75.18%
β_3	或有刚性兑付额度	0.00%	0.00%
β_4	长期借款利息率	4.20%	4.62%
β_5	货币资金	5.44%	5.17%
β_6	交易性金融资产	7.90%	7.87%
β_7	可供出售的金融资产	54.29%	54.32%
β_8	未使用的银行授信余额	10.19%	10.21%
β_9	大股东抵质押借款能力	54.83%	54.84%
β_{10}	获准尚未发行增发	9.99%	10.00%
β_{11}	可抵押或处置的存货	5.79%	6.70%
β_{12}	可抵押或处置的无形资产	8.99%	9.12%
β_{13}	可抵押或处置的固定资产	9.36%	9.59%
β_{14}	可抵押或处置的在建工程	10.91%	10.94%
β_{15}	可抵押或处置的长期股权投资	5.26%	6.55%

DCFB 模型所需信息存在缺失问题，由于企业确定性业务描述、债务具体偿付现金流结构与时点、资产的经营性情况等信息的缺失，作者构造了一些变量作为代理。结合本书估计的信息偏差参数，一些关于企业财务危机预警的关键科目存在信息偏差问题。

具体而言，刚性兑付现金流出方面，企业存在的表外的或有负债对企业财务危机预警影响较小；企业负债较均匀分布的估计值偏离了约 25%；企业披露的长期借款利息率或作者基于财务费用调整出的利息费率远高于真实水平。这可能是由于企业并未直接公布上述信息，作者基于财务报表信息的推算存在偏差。

确定性经营活动现金净流入方面，由于企业并不披露业务未来现金流预期和确定性程度的描述，很难基于公开信息对确定性经营活动现金净流入进行估计，因此作者选择了以分析师预测的经营活动现金流为代理，再通过业务增长和波动情况对企业分部业务确定性进行分类，估计出确定性业务的现金流占比。从信息偏差参数估计结果看，基于公开信息估计的确定性经营活动现金净流入被低估，偏差程度约为9％。

确定性资产处置现金流入方面，存在信息偏差的科目较多。企业的货币资金、交易性金融资产和可供出售金融资产只有财务报表中披露值的约5.17％、7.87％和54.32％，这可能是由于很多资产存在抵押、冻结等受限问题。但企业资产受限的信息并非强制披露，即使披露，披露的方法、位置、使用字段、格式五花八门，很难形成标准化的可处理数据。企业的可处置存货、固定资产、在建工程和长期股权投资是被低估的。固定资产、在建工程等各项典型的可处置或抵押资产变现能力的偏离度也有近90％，这很大程度上是由资产的市值与账面价值差异导致的。

确定性再融资现金流入方面，企业未使用的银行授信额度、获准未发行的增发规模信息偏差较大，达到约90％，而大股东的股权抵质押再融资确定性现金流入的偏差度不足50％。

在对信息环境进行修正的过程中产生的信息偏差参数对现实世界的指导意义有待考证，本小节主要意在说明信息环境的偏差可能是限制DCFB模型效率的重要原因，调整后的DCFB模型是可以达到甚至超越大数据机器学习模型的预警效率的。具体的信息环境修正过程、是否可以根据细致的案例调研对信息参数的取值范围进行限制以达到更有现实意义的模型优化，尚待进一步研究。

5.5.3 对当下信息披露政策的启示

对于大量财务危机预警所需关键科目信息缺失和偏差问题，作者认为应当对债权的信息披露政策进行修正。以公募债融资的信息披露为例，公募债的募集说明书和年度报告中，对业务描述、财务报表的披露规范是与股权融资的招股说明书和年度报告基本无差异的。

事实上，股权投资人更关注企业的竞争优势和增长趋势，承受高风险以争取高收益，因此企业的业务描述会有针对性地披露企业的核心竞争力、未来的增长空间。而债权人更关注企业能否正常还本付息，较企业的竞争力和增长趋势而言，更关注企业现金流无法覆盖债务本息的风险。诚然，企业若主业缺乏优势、无法保持增长而需要战略转型，就存在较大战略转型失败的风险。债权人也会关注企业主营业务的竞争力。不过除此之外，债权人同时还会关注企业未来确定性现金流的特征。但目前债务人信息披露基本直接复制股权信息披露文件，外部投资人无法对企业的未来现金流确定性进行有效评估。

债务融资的信息披露应当偏重论证债权投资回报的确定性。从确定性经营活动现金净流入看，债务人应当分业务披露自身业务的竞争力、稳定性、现金流确定性。从确定性资产处置现金流入看，债务人应当披露存在融资缺口时，企业资产的变现价值，包括可以处置的非核心资产规模、资产受限情况、资产流动性特征、资产处置过程中的摩擦。从确定性再融资现金流入看，债务人应当披露母公司层面的货币资金、金融资产等再投资的确定性和投资规模，披露获准募资或获得授信的剩余额度和实现现金流入的确定性。此外，在刚性兑付现金流出方面，企业也可考虑对大额、关键的几笔刚性兑付的规模和时点进行披露，并对到期偿付的现金流来源、确定性进行论证。

事实上，更有针对性地要求债务人披露偿债相关信息是有利于债权人和债务人双方的。对于债权人的益处很明显，债权人能获得更多关于企业未来现金流特征和确定性的信息，能缓解外部视角下信息不完备的问题，更有效地对企业财务风险进行评估，更有针对性地通过减小资金供给对企业投资行为和扩张速度进行限制，更有效地对危机企业进行风险评估和救济投资。

而对于债务人，更有针对性地提供信息是论证企业能够履行刚性兑付义务的有力支持，能避免债权人挤兑抽资和过度反应干扰企业的正常经营。像东方园林这样由于投资人、金融机构抽资而陷入财务危机的优质企业并非个例。金融机构的资金来源可能是散户投资人或家庭储户，需要避免上游资金来源方的亏损，因此在不明朗的下行背景下，必须避险抽资。但正常经营的企业往往不会储备大量流动性，因此集中性的抽资可能导致迅速发生财务危机。但有时企业的业务基本面是优质的，若投资人给予企业一定时间处置资产和再融资，本可避免债权人无法获得或花费大量时间精力才能获得本息回报、债务人陷入财务危机影响业务经营和发生企业价值损失的囚徒困境。

债务人和债权人关于确定性现金流的信息共享和共识有助于避免上述囚徒困境。债权人在相信企业能通过资产处置、再融资弥补资金缺口时，最优策略也不是提前抽资或诉讼企业冻结企业账户资产，因为这会导致企业无法正常经营和获得流动性，反而降低了企业偿还本息的能力。而债务人也因此能保持正常经营，业务优质的企业能有足够的时间处置资产和再融资，避免危及持续经营。

即使债权人与债务人仍有认知差异，也可基于客观信息，在本书财务危机过程预警框架下对需要判断的基础假设进行讨论，将对企业偿债能力的认知差异控制在一个协商范围内，好过缺失信息时不利事件后双方的零和博弈关系。在信息透明和基于确定性现金流的一致风险评估框架下，债权人和债务人获得了一个有效沟通的机制，更可能协调冲突，达成最优的财务危机治理办法。

除了信息披露政策的修正外，金融机构也应基于现金流预警框架调整信息披露要求，在财务会计报表数据、账户流水数据、应收账款和订单数据之外，补充企业确定性现金流相关信息要求，如企业未来业务现金流特征、资产的经营性和可处置性、潜在的再融资能力。借款人也应主动提供关于自身确定性现金流的偿债能力证据。建立规范、标准的关键科目（尤其是信息偏差来源，如目前无法标准化的受限资产数据）数据平台，有助于相关数据规范化、信息透明化，防范、化解个体财务危机风险。

第6章 总结讨论

6.1 主要结论

我国的企业财务危机、财务危机预警研究走向了被统计算法驱动的发展方向，与经济金融、资本结构理论渐行渐远。缺乏金融原理支撑的预警模型，根据可得样本量来选择因变量的界定方法，根据统计效率来选择预警自变量、预警分界点、模型算法，得出一个在样本集内“预警”效率表现最好的预警模型，得出一个企业未来是否会发生财务危机事件的二分化结果，理论和实践意义较低。

偏离金融原理的财务危机预警研究表现出诸多局限性，影响了其应用效率，核心的局限有三。局限一，统计有效的预警模型本质上是对多个指标的加权和对企业财务危机风险的相对排序。相对风险有两个核心问题。其一，相对风险的财务危机预警模型可能在样本集内有效，但真正的预警是面向未来，是样本集外的预警。这种加权排序并找到样本集内有效的分割点的方法，很难在财务危机预警的真正使用场景中有效。其二，企业财务危机风险本身是一个客观风险，无论财务危机的界定是连续亏损、债务违约、刚兑违约还是破产重组，都不会因为改变样本集、自变量组合而改变，不是相对风险。而已有模型均是以相对风险对企业预警的。

局限二，预警模型的有效是统计意义上的有效，并不总是经济上有效。模型的优化可能是为了提高模型训练者看重的统计效率而调整算法、自变量、分割点的过程，并不能更好地匹配模型使用者的风险、成本管理需求和使用场景。

局限三，以统计效率作为衡量预警模型优劣的核心甚至唯一指标，会引导学者不断努力搜索新的变量、学习新的算法，而忽略财务危机、财务危机预警研究的理论脉络和研究目标。财务危机预警研究最初是为了回答资本结构权衡理论下破产成本问题而产生的，财务危机的特征、机制、主体间博弈关系及其特殊性、财务危机的时间价值、信号作用等都是非常有意义的研究话题，在近来财务危机相关研究（尤其是国内文献）中几乎是空白。

为了缓解现有财务危机预警研究的局限，本书提出了一个基于企业未来确定性现金流覆盖未来刚性兑付的水平来评估企业财务危机风险的DCFB预警框架。此框架是作者多案例研究的成果，企业财务危机过程的共性关键变化是现金流特征，是还款现金流覆盖刚性兑付义务的水平变化。危机企业现金流最终无法固废偿付而安全企业现金流始终可以覆盖刚兑的现象是跨案例存在的。因此作者围绕企业可用于偿还未来刚兑的确定性现金流特征，构建起一个绝对的财务危机风险预警框架。

确定性现金流包括企业的三种活动，来自经营活动的确定性经营活动现金流入，来自投资活动的确定性资产处置现金流入和来自融资活动的确定性再融资现金流入。而刚性兑付主要指企业确定性业务所需的确定性经营现金流出和融资性负债产生的确定性还本付息义务。将未来的确定性现金流贴现后，可以得到企业确定性现金流覆盖刚性兑付水平的财务危机（稳健）程度，反映企业当下预期的未来财务危机的风险。

作者进一步发现企业存在首次重大不利事件的“首次效应”，这会迅速恶化企业财务危机程度，使其失去正常处置资产、获得再融资的能力。基于此，正常经营的企业会尽可能通过资产处置和再融资弥补经营活动现金净流入不足以偿付刚性兑付的缺口，推迟企业首次违约事件。如此，确定性资产处置和再融资现金流入的发生时点和规模的确定，使得企业未来确定性现金流特征能够形成精细的预期，即企业未来的财务危机风险。DCFB模型在企业未来现金流预期下，通过累计现金盈余或缺口科目何时、何因降低为负、多负，对企业财务危机时点、原因、程度进行预警。作者在第4章中结合一家新能源公司光伏电站项目的具体实例展示了完整的财务危机预警步骤。

DCFB模型是一个绝对的企业财务危机风险预警方法，不因样本改变、视角改变或计算方法改变而改变。不过信息的缺失会限制该财务危机预警模型的预警效率。为此，在企业外部存在信息缺失问题时，需要对关键科目进行估计、近似以进行企业财务危机预警。但随着信息环境、政策的不断优化，信息处理和传递效率不断提高，信息不完备的外部财务危机预警方法和结果会不断逼近信息完备的企业内部视角的财务危机预警，逼近企业客观的财务危机风险。

本书通过三种方法证明了DCFB模型的有效性。作者以2013—2021年中国A股上市公司为样本，进行了DCFB模型预警效率的测试。结果显示，在相同的误判率水平下，现金流预警模型的准确率高于 Z 值模型、流动比率、速动比率、现金流保障倍数、王竹泉流动比率等常规统计回归模型，通常高于 Shunway 模型，低于支持向量机机器学习模型。若不固定分割点，DCFB 模型的 AUC 面积通常高于其他所有统计回归模型，但仍低于机器学习模型。

前两种方法下，DCFB 模型具备通常优于传统回归方法的表现，但仍有少数窗口期的预警结果差于个别模型。这可能一部分是因为其他常规模型均使用的是标准化、准确度水平较高的财务会计比率，而现金流模型的一些关键科目只能依赖估计和近似手段。于是作者通过第三种方法，即将本书构造的与确定性现金流偿付刚兑相关的关键变量加入已有模型，考察新增现金流变量能否提高已有模型效率，来证明 DCFB 模型的有效性。实证结果显示，加入新变量后，包括机器学习模型在内的所有已有预警模型几乎都能显著提高预警效率，这体现了本书的价值。

最后，本书通过加入信息参数后的财务危机预警模型，考察环节信息缺失问题对模型效率的影响。在对关键科目加上信息偏差参数后，通过简单的非线性最优化，DCFB 模型效率提升，远超对比常规回归模型，通常优于机器学习预警模型。

此外，结合最优化估计出的信息偏差参数，本书发现企业披露的刚性兑付义务偏低，具体体现在或有负债的信息比真实水平低了约 20%，借款利息率比真实水平低了约 10%。基于企业披露数据估计的确定性经营活动现金净流入偏高，估计数据比真实水平高了约 75%。资产处置方面，企业实际可处置偿债的金融资产只有财务报表中披露数据的 30%左右，可能是资产受限数据缺失的缘故。而经营性资产处置方面，除了固定资产，符合银行标准的其他可处置资产比真实可变现价值低了 65%～90%，可能是资产市值与账面价值之差导致的。而再融资方面，基于公开信息保守估计的大股东可质押借款额比实际情况高出近 70%，大部分股权质押再融资并不能实现。

作者基于上述信息偏差情况，对债务融资信息披露政策提出建议。以获得确定的本息回报为目的的债务融资的募集说明书、年报，应当与以获得增长价值为目的的股权融资的招股说明书、年报区别开，执行有差别的信息披露政策。债务融资应当以论证自身确定性现金流足够偿付债务兑付义务为目的，描述自身确定性业务的现金流特征、可处置资产和再融资情况，向债权人提供自身确定性业务覆盖刚性兑付的信息。基于确定性现金流的财务危机风险评估、分析框架有助于债务人、债权人沟通信息、调和矛盾、治理财务危机、管理风险，避免金融机构缺乏风险评估能力时对外部冲击过度反应，导致像东方园林这样本可正常经营的优质企业率先陷入财务危机。

6.2 贡献与创新

本书的贡献与创新体现在学术和实践两个方面。在学术贡献方面本书有四点贡献。第一，就作者所知，本书首次从现金流的视角提出了一个绝对财务危机风险评估和预警方法。以往的财务危机预警模型大多是基于大量指标加权计算相对风险后分类预警，存在分割点主观性的问题。相对风险预警方法虽更能在样本测试集中表现出良好的"预测"效率，但这种"预测"能力只有在行业、宏观外部环境与此前基本一致时才能表现高效预警结果。

而本书是基于确定性现金流是否足以偿付刚性兑付这一绝对标准对企业是否会发生财务危机进行分类。基于绝对风险进行财务危机预警的优势在于可以实现真正对未知的未来风险的"预测"。本书绝对风险预警模型能随样本集的积累，不断完善现金流特征分析科目和信息偏差问题，可以弥补相对风险预警方法的劣势；而外部宏观、行业环境变化能通过对确定性现金流预期的参数调整被考虑在内，这是相对风险预警方法很难解决的问题。

KMV模型也是一种绝对风险预警方法，不过是按照未来偿债时点随机波动的股权价值是否超过债务规模的绝对标准进行预警，高度依赖二级市场有效性。但目前看我国股票市场半有效（齐岳、孙信明，2016），资本市场制度、信息环境限制了KMV模型预警方法有效性的提升。

第二，本书构建了一个财务危机过程、机制和程度的描述、分析框架。以往学界对财务危机过程的认知是局限甚至缺失的。多数研究将财务危机按照破产或不破产、违约或不违约二分定义，少数认知到财务危机过程的研究也主要是以关键事件或财会指标跌破阈值来拆分财务危机过程阶段。而本书构建了一个通过企业的三种活动现金流（外部主体对企业的影响体现在三种活动现金流中）变化反映企业财务危机过程的分析框架。在此框架下，企业与外部主体可以产生博弈和交互（如供应商断供对企业经营的影响、濒临违约时点时被迫在低谈判地位抛售的资产处置损失、首次效应后金融机构抽资的连锁反应对企业再融资的冲击），动态影响财务危机过程。财务危机的主体间博弈、财务危机过程中巨大的时间价值、首次效应对财务危机的冲击都能反映在本框架中，可以延伸出一系列以往文献鲜少讨论的研究话题。

第三，本书提出了一个基于确定性对现金流分类的框架。会计文献按照会计制度下企业的三类活动对现金流进行分类，比较宽泛。金融学定义了自由现金流、流向债权人的现金流和流向股东的现金流，但是基于债权人获得本息回报、股东获得剩余现金的情景，没有考虑企业违约、财务危机的可能性。这可能也是财务危机一直未能构建一个系统性研究框架的原因，金融学多数研究从企业端假设正常经营、从金融机构端假设无投资失误风险，很多理论模型难以被直接套用于财务危机研究。对未来现金流按确定性分类有助于搭建已有研究与财务危机研究之间的桥梁。自由现金流是围绕现金流发生的结果制定的，最终实际产出多少，则将确定的产出按债权人份额和股东份额继续分类。而现金流确定性是当下对未来活动现金流的预期，是未来实际现金流的一个分布。理想情况下，企业使用可以确保的、无风险的确定性现金流支持其债务融资，可以标准化自由现金流折现框架分析。当债务刚性兑付义务高于确定性现金流，企业需承担不确定能偿债的财务危机风险。对每一种存在违约风险的不确定现金流的概率结果，都能基于处置资产和再融资后仍不能弥补缺口的违约时点和清算价值进行分析。这样一来，项目、业务、企业的估值能更精准地反映违约风险与后果，权衡和博弈更加完备。

第四，本书模型提供了更精准反映企业未来确定性现金流特征、未来偿债风险特征的四个新变量。这四个新变量能够显著提高已有财务危机风险评估模型的精准度。

而在实践创新方面，本书分析框架有助于企业风险管理。DCFB 模型能对财务危机时点、现金流覆盖刚兑水平波动和下降过程、违约的刚性兑付进行预警，有助于企业提前采取措施，进行财务风险防范和管理。

本框架有助于企业和投资人财务危机治理。细化到企业未来三类活动(经营活动下继续细化到具体项目和业务)，现金流的分析框架能够反映企业财务危机的具体原因，有助于企业和投资人有针对性地优化资源配置和管理流动性。

本框架还有助于企业和投资人达成救济交易。以往财务危机预警模型对个体企业的预警结果可能相互矛盾，但很难评判对错优劣，容易导致巨大的谈判成本，尤其是时间成本，会对濒临财务危机的企业造成损失。而本书所提出的预警模型是一个基于确定性现金流的财务危机预警模型，企业和投资人的多数矛盾可以通过提供可信信息和协调参数假设的方式调和。财务危机过程中,优质企业更可能与存量投资人、潜在投资人达成展期、续贷或救济,而不会在谈判磋商过程中耗费巨大时间和精力,造成双方的损失。

一个自然的追问是,DCFB 模型很大程度上依托高管对企业确定性现金流的评估或描述,而高管过度自信、高估企业未来现金流正是企业陷入财务危机的重要原因,DCFB 模型是否会由于高管过度自信而低估企业的财务危机风险?

诚然,高管过度自信问题很可能通过影响 DCFB 模型输入变量降低模型预警效率,但本书的核心贡献仍然存在。DCFB 模型的初衷是服务于企业自身进行财务危机风险管理,服务于企业和投资人之间的磋商、交易和财务危机治理。DCFB 模型提供了一个企业管理层评估和治理财务危机、企业和投资人共同磋商评估财务危机风险的科学模型,此时高管过度自信问题能够通过如下三个手段缓解。其一,企业的存量债权人和潜在投资人对高管估计确定性现金流的质询和监管。希望稳健发展业务的企业高管有动力"兼听"。本书提供了一个投资人质疑高管业务增长或收入现金流确定性并与高管协调磋商假设参数、对高管扩张业绩进行约束和惩罚的路径。其二,可以通过大数据和机器学习手段,利用外部数据对高管的确定性现金流判断进行修正和检查。其三,高管自身为了管理财务风险,有动机修正自己的现金流确定性认知。

不过,上述三个手段的缓解作用无法在短期内验证,或者说,高管过度自信问题必然是存在的。但作者认为,更重要的是,虽然高管过度自信问题限制了 DCFB 模型的预警效率,其核心贡献还是存在的。在 DCFB 模型以前,高管即便有动力避免过度自信,希望科学判断和决策,仍然缺乏一个科学的决策模型。DCFB 模型无法考虑到所有现实因素,但不影响本书提供了一个财务危机风险评估、财务危机治理的科学模型这一核心贡献。

此外,研究成果能支持监管部门规范债务融资企业的信息披露,引导企业披露更多通过现金流确定性反映自身偿债能力的信息,而非仅给出资产负债率、流动比率、速动比率等粗放的财务比率。本书还有助于金融机构进行信贷技术和风险评估技术的金融创新,有助于评级公司、数据平台有针对性地研发和投资,有助于降低金融体系由于无法精准度量个体企业财务危机风险而在下行期过度抽资引起优质个体违约和系统性风险的潜在损失。

6.3　未来研究方向

在学术研究方面，本书仅是从现金流角度预警企业财务危机的开端，仅反映作者截至 2022 年 3 月的研究成果。信息完备视角下，如何完善 DCFB 模型科目，在信息不完备视角下，如何更具实践指导意义地估计关键科目的实际水平，分析师对企业经营活动现金流预期的分歧如何反映了企业经营业务的不确定性，信息问题是否可以通过与舆情情报、机器学习方法结合的方式解决，都是重要的研究方向。

一个重要的话题是外部政策对企业财务危机风险的影响如何在本书模型框架中体现。外部政策包括影响企业经营活动的确定性现金净流入的行业扶持或调控政策、中央层面的货币和信贷政策、地方财政结算支付相关政策，影响企业再融资确定性现金流入的中央货币和信贷政策、地方财政或支持力度（背后可能涉及地方政府官员晋升激励、业绩压力等），影响部分企业资产投资刚性支出义务的中央或地方政策等。

外部政策是影响企业确定性现金流的重要因素。在本书模型中，外部政策发挥作用的路径如下：如果在信息完备的情况下，企业和投资人应当会考虑企业的确定性现金流受外部政策影响而减少或增多；而在信息不完备的外部财务危机预警视角下，外部政策在本书模型中发挥作用的机制是调节三种确定性现金流的估计变量，与信息偏差参数共同发挥作用。

本书模型未来可能贡献多个与企业现金流相关的变量，这些变量不仅可作为自变量用于财务危机预警研究，还可作为因变量，与企业财务风险系数一样，反映企业财务危机风险或稳健程度、确定性现金流水平。考察在我国刚性兑付逐步打破过程中，企业的现金流特征、财务风险水平的变化就是一个延伸话题。

在研究方法上，继续通过对新案例的研究发现构成确定性现金流的新科目，完善确定性现金流的组成架构是必要的。除了案例研究外，实证研究、数值模拟等也是得到更一般性结论的有效手段。

此外，继续从现金流本质去剖析企业财务危机过程、资本结构决策是非常有意义的。未来财务危机预警研究、财务危机研究应当继续回归财务危机的金融本质，回归财务危机过程中主体的现金流变化特征，这样能更好地丰富和拓展资本结构理论。

在实践创新方面，DCFB 模型的实际应用还需更加精细化地打磨。是否可以连接企业的信息数据系统以实现更精准的、实时的估计，是否可以构建一个信息平台更好地促进企业和债权人的沟通和合作，是否可以解决企业财务危机治理和风险管理中的其他痛点，如何在模型中更完备地体现外部政策冲击和宏观环境变化引发的风险，都是 DCFB 模型在发挥应用价值的过程中需要深度思考的问题。

参考文献

蔡岩松、杨茁、王聪：《基于系统动力学的企业财务危机预警模型研究》，《管理世界》，2008 年第 5 期。

曹春方、林雁：《异地独董、履职职能与公司过度投资》，《南开管理评论》，2017 年第 1 期。

方匡南、范新妍、马双鸽：《基于网络结构 Logistic 模型的企业信用风险预警》，《统计研究》，2016 年第 4 期。

方匡南、杨阳：《SGL-SVM 方法研究及其在财务困境预测中的应用》，《统计研究》，2018 年第 8 期。

方意、赵胜民、谢晓闻：《货币政策的银行风险承担分析——兼论货币政策与宏观审慎政策协调问题》，《管理世界》，2012 年第 11 期。

龚强、班铭媛、张一林：《区块链、企业数字化与供应链金融创新》，《管理世界》，2021 年第 2 期。

谷祺、刘淑莲：《危机企业投资行为分析与对策》，《会计研究》，1999 年第 10 期。

韩立岩、李蕾：《中小上市公司财务危机判别模型研究》，《数量经济技术经济研究》，2010 年第 8 期。

何诚颖、陈锐、蓝海平、徐向阳：《投资者非持续性过度自信与股市反转效应》，《管理世界》，2014 年第 8 期。

侯成琪、黄彤彤：《影子银行、监管套利和宏观审慎政策》，《经济研究》2020 年第 7 期。

黄益平、邱晗：《大科技信贷：一个新的信用风险管理框架》，《管理世界》，2021 年第 2 期。

李秉成、梁慧、刘芬芳：《上市公司财务困境“A 记分法”预测模型研究》，《管理评论》，2005 年第 9 期。

李帆、杜志涛、李玲娟：《企业财务预警模型：理论回顾及其评论》，《管理评论》，2011 年第 9 期。

刘春林、张宁：《上市公司传闻的澄清效果研究——来自中国证券市场的证据》，《管理科学学报》，2012 年第 5 期。

刘翰林：《我国上市公司财务危机预警模型实证研究》，《数量经济技术经济研究》，2002 年第 7 期。

刘莉亚、陈选娟、李涛、孙欣钰：《“第二届中国金融学者论坛”综述》，《经济研究》，2019 年第 5 期。

刘意、谢康、邓弘林：《数据驱动的产品研发转型：组织惯例适应性变革视角的案例研究》，《管理世界》，2020 年第 3 期。
陆磊、刘学：《违约与杠杆周期——一个带有救助的金融加速器模型》，《金融研究》，2020 年第 5 期。
吕长江、韩慧博：《财务困境、财务困境间接成本与公司业绩》，《南开管理评论》，2004 年第 3 期。
吕长江、徐丽莉、周琳：《上市公司财务困境与财务破产的比较分析》，《经济研究》，2004 年第 8 期。
马勇、陈雨露：《金融杠杆、杠杆波动与经济增长》，《经济研究》，2017 年第 6 期。
马永强、吴年年、玄宇豪：《银行贷款信息的宏观预测价值：基于中国制度环境的研究》，《南开管理评论》，2021 年第 1 期。
毛基业、陈诚：《案例研究的理论构建：艾森哈特的新洞见——第十届“中国企业管理案例与质性研究论坛(2016)”会议综述》，《管理世界》，2017 年第 2 期。
梅冬州、崔小勇、吴娱：《房价变动、土地财政与中国经济波动》，《经济研究》，2018 年第 1 期。
梅冬州、温兴春、吴娱：《财政扩张、信用违约和民营企业融资困境》，《经济研究》，2021 年第 3 期。
孟庆斌、侯粲然、鲁冰：《企业创新与违约风险》，《世界经济》，2019 年第 10 期。
彭俞超、黄志刚：《经济“脱实向虚”的成因与治理：理解十九大金融体制改革》，《世界经济》，2018 年第 9 期。
齐岳、孙信明：《基于投资策略的基金绩效评价——以价值、成长和平衡型基金为例》，《管理评论》，2016 年第 4 期。
覃家琦：《战略委员会与上市公司过度投资行为》，《金融研究》，2010 年第 6 期。
任婷婷、鲁统宇、崔俊：《基于改进 AdaBoost 算法的动态不平衡财务预警模型》，《数量经济技术经济研究》，2021 年第 1 期。
汪莉、王先爽：《央行预期管理、通胀波动与银行风险承担》，《经济研究》，2015 年第 10 期。
王今、韩文秀、侯岚：《西方企业财务危机预测方法评析》，《中国软科学》，2002 年第 6 期。
王克平、王艺、车尧：《基于大数据思维的小微企业竞争情报预警机制仿真研究》，《情报理论与实践》，2021 年第 9 期。
王文利、甄烨、张钦红：《面向资金约束供应商的供应链内部融资——股权还是债权?》，《管理科学学报》，2020 年第 5 期。
王扬眉、梁果、王海波：《家族企业继承人创业图式生成与迭代——基于烙印理论的多案例研究》，《管理世界》，2021 年第 4 期。
王竹泉、段丙蕾、王苑琢、陈冠霖：《资本错配、资产专用性与公司价值——基于营业活动重新分类的视角》，《中国工业经济》，2017 年第 3 期。
王竹泉、宋晓缤、王苑琢：《我国实体经济短期金融风险的评价与研判——存量与流量兼顾的短期财务风险综合评估与预警》,《管理世界》,2020 年第 10 期。

吴超鹏、吴世农:《基于价值创造和公司治理的财务状态分析与预测模型研究》,《经济研究》,2005 年第 11 期。

吴世农、卢贤义:《我国上市公司财务困境的预测模型研究》,《经济研究》,2001 年第 6 期。

吴武清、陈慕紫、黄德龙、陈敏:《系统风险的会计决定:企业财务风险、经营风险、系统风险的时变关联》,《管理科学学报》,2012 年第 4 期。

吴星泽:《财务危机预警研究:存在问题与框架重构》,《会计研究》,2011 年第 2 期。

鲜文铎、向锐:《基于混合 Logit 模型的财务困境预测研究》,《数量经济技术经济研究》,2007 年第 9 期。

肖毅、熊凯伦、张希:《基于 TEI@I 方法论的企业财务风险预警模型研究》,《管理评论》,2020 年第 7 期。

杨贵军、周亚梦、孙玲莉:《基于 Benford-Logistic 模型的企业财务风险预警方法》,《数量经济技术经济研究》,2019 年第 10 期。

杨海军、太雷:《基于模糊支持向量机的上市公司财务困境预测》,《管理科学学报》,2009 年第 3 期。

杨凯生、刘瑞霞、冯乾:《〈巴塞尔Ⅲ最终方案〉的影响及应对》,《金融研究》,2018 年第 2 期。

战明华、应诚炜:《利率市场化改革、企业产权异质与货币政策广义信贷渠道的效应》,《经济研究》,2015 年第 9 期。

张路、张瀚文:《超募资金与高管薪酬契约》,《会计研究》,2017 年第 4 期。

张新民:《偶发原因致企业临时性财务危机:特征与对策》,《财会月刊》,2020 年第 11 期。

钟凯、程小可、张伟华:《货币政策适度水平与企业"短贷长投"之谜》,《管理世界》,2016 年第 3 期。

周首华、杨济华、王平:《论财务危机的预警分析——F 分数模式》,《会计研究》,1996 年第 8 期。

朱武祥、陈寒梅、吴迅:《产品市场竞争与财务保守行为:以燕京啤酒为例的分析》,《经济研究》,2002 年第 8 期。

朱武祥、张平、李鹏飞、王子阳:《疫情冲击下中小微企业困境与政策效率提升——基于两次全国问卷调查的分析》,《管理世界》,2020 年第 4 期。

Altman, E. I., 1968, "Financial Ratios, Discriminant Analysis and the Prediction of Corporate Bankruptcy", Journal of Finance, 23(4), 589-609.

Altman, E. I., Haldeman, R. G. and Narayanan, P., 1977, "ZETATM Analysis a New Model to Identify Bankruptcy Risk of Corporations", Journal of Banking and Finance, 1(1), 29-54.

Arnold, M., 2014, "Managerial Cash Use, Default, and Corporate Financial Policies", Journal of Corporate Finance, 27, 305-325.

Asquith, P., Gertner, R. and Scharfstein, D., 1994, "Anatomy of Financial Distress: An

Examination of Junk-Bond Issuer", The Quarterly Journal of Economics, 109(3), 625-658.

Baker, M. and Wurgler, J., 2002, "Market Timing and Capital Structure", Journal of Finance, 57(1), 1-32.

Baxter, N. D., 1967, "Leverage, Risk of Ruin and the Cost of Capital", Journal of Finance, 22(3), 395-403.

Beaver, W., 1966, "Financial Ratios as Predictors of Failure", Journal of Accounting Research, 4, 71-111.

Bernanke, B. S., Gertler, M. and Gilchrist, S., 1999, "Handbook of Macroeconomics: The Financial Accelerator in a Quantitative Business Cycle Framework", Elsevier, North-Holland.

Borio, C. and Zhu, H., 2012, "Capital Regulation, Risk-Taking and Monetary Policy: A Missing Link in the Transmission Mechanism", Journal of Financial Stability, 8(4), 236-251.

Campbell, J. Y., Hilscher, J. and Szilagyi, J., 2008, "In Search of Distress Risk", Journal of Finance, 63(6), 2899-2939.

Campbell, T. C., Gallmeyer, M., Johnson, S. A., Rutherford, J. and Stanley, B. W., 2011, "CEO Optimism and Forced Turnover", Journal of Financial Economics, 101(3), 695-712.

Carling, K., Jacobson, T., Linde, J. and Roszbach, K., 2007, "Corporate Credit Risk Modeling and the Macroeconomy", Journal of Banking and Finance, 31(3), 845-868.

Carmichael, R., 1972, "The Auditor's Reporting Obligation", New York: Published American Institute.

Chen, N., Ribeiro, B., Vieira, A. S., Duarte, J. and Neves, J. C., 2011, "A Genetic Algorithm-Based Approach to Cost-Sensitive Bankruptcy Prediction", Expert Systems with Applications, 38(10), 12939-12945.

Eisenhardt, K. M., 1989, "Building Theories from Case Study Research", Academy of Management Review, 14(4), 532-550.

Eisenhardt, K. M. and Graebner, M. E., 2007, "Theory Building from Cases: Opportunities and Challenges", Academy of Management Journal, 50(1), 25-32.

Eisenhardt, K. M., 2016, "Theory Building from Case Study Research"(第十届"中国企业管理案例与质性研究论坛(2016)"主题报告).

Farooq, M., Qureshi, S. F. and Bhutta, Z. M., 2021, "Indirect Financial Distress Costs in Non-Financial Firms: Evidence from an Emerging Market", Pacific Accounting Review, 33(4), 417-434.

Farooq, U., Qamar, M. A. J. and Haque, A., 2018, "A Three-Stage Dynamic Model of Financial Distress", Managerial Finance, 44(9), 1101-1116.

Farooq, U. and Qamar, M. A. J., 2019, "Predicting Multistage Financial Distress: Reflections on Sampling, Feature and Model Selection Criteria", Journal of Forecasting,

38(7),632-648.

Fitzpatrick,F. ,1932,"A Comparison of Ratios of Successful Industrial Enterprises with Those of Failed Firms",Certified Public Accountant,6,727-731.

Gilbert,L. R. ,Menon,K. and Schwartz,K. B. ,1990,"Predicting Bankruptcy for Firms in Financial Distress",Journal of Business Finance and Accounting,17(1),161-171.

Gordon,M. J. ,1974,"A General Solution to the Buy or Lease Decision: A Pedagogical Note",Journal of Finance,29(1),245-250.

Harford,J. ,Mansi,S. A. and Maxwell,W. F. ,2008,"Corporate Governance and Firm Cash Holdings in the US",Journal of Financial Economics,87(3),535-555.

Ippolito,F. ,Peydro,J. L. ,Andrea,P. and Enrico,S. ,2016,"Double Bank Runs and Liquidity Risk Management",Journal of Financial Economics,122(1),135-154.

Jensen, M. C. , 1986, "Agency Costs of Free Cash Flow, Corporate Finance, and Takeovers",American Economic Review,76(2),323-329.

Johnson,C. G. , 1970, "Ratio Analysis and Prediction of Firm Failure", Journal of Finance,25(5),1166-1168.

Kalcheva,I. and Lins, K. V. , 2007, "International Evidence on Cash Holdings and Expected Managerial Agency Problems",Review of Financial Studies,20,115-129.

Kraus,A. and Litzenberger,R. ,1973,"A State-Preferrence of Optimal Capital Structure and Corporate Debt Capacity",Journal of Finance,33,45-63.

Lau,A. H. L. , 1987, "A Five-state Financial Distress Prediction Model", Journal of Accounting Research,25(1),127-138.

Marx, A. and Dusa, A. , 2011, "Crisp-Set Qualitative Comparative Analysis Contradictions and Consistency Benchmarks for Model Specification ", Methodological Innovations Online,6,103-148.

Merton,R. C. ,1974,"On the Pricing of Corporate Debt: The Risk Structure of Interest Rates",The Journal of finance,29(2),449-470.

Modigliani,F. and Miller,M. H. ,1958,"The Cost of Capital,Corporate Finance,and the Theory of Investment",American Economic Review,48(3),261-297.

Modigliani, F. and Miller, M. H. , 1963, "Corporate Income Taxes and the Cost of Capital: A Correction",American Economic Review,53(3),433-443.

Myers,S. C. and Majluf,N. S. ,1984,"Corporate Financing and Investment Decisions When Firms Have Information That Investors Do Not Have",Journal of Financial Economics,13(2),187-221.

Odom, M. D. and Sharda, R. , 1990, "A Neural Network Model for Bankruptcy Prediction", In 1990 IJCNN International Joint Conference on neural networks, IEEE,163-168.

Ohlson,J. S. ,1980,"Financial Ratios and the Probabilistic Prediction of Bankruptcy", Journal of Accounting Research,18(1),109-131.

Ojala,H. ,Collis,J. ,Kinnunen,J. ,Niemi,L. and Troberg,P. ,2016,"The Demand for

Voluntary Audit in Micro-Companies: Evidence from Finland", International Journal of Auditing,20(3),267-277.

Pindado,J.,Rodrigues,L. and de la Torre,C.,2008,"Estimating Financial Distress Likelihood",Journal of Business Research,61(9),995-1003.

Platt,H. D. and Platt,M. B.,1990,"Development of A Class of Stable Predictive Variables: The Case of Bankruptcy Prediction",Journal of Business Finance and Accounting,17(1),31-51.

Platt,H. D.,Platt,M. B. and Pedersen,J. G.,1994. "Bankruptcy Discrimination with Real Variables",Journal of Business Finance and Accounting,21(4),491-510.

Ross,S. A.,Westerfield,R. W. and Jaffe,J. F.,2013,"Corporate Finance 10th Edition", New York: McGraw-Hill.

Sarkar,S. and Sriram,R. S.,2001,"Bayesian Models for Early Warning of Bank Failures",Management Science,47(11),1457-1475.

Scandura,T. A. and Williams,E. A.,2000,"Research Methodology in Management: Current Practices,Trends,And Implications for Future Research",Academy of Management Journal,43(6),1248-1264.

Shumway,T.,2001,"Forecasting Bankruptcy More Accurately: A Simple Hazard Model",The Journalof Business,74(1),101-124.

Stein,J. C.,1996,"Rational Capital Budgeting in an Irrational World",Journal of Business,69(4),429-455.

Solomon,I. and Beck,P. J.,1980,"A Comparison of General Price Level and Historical Cost Financial Statements in the Prediction of Bankruptcy: A Comment", Accounting Review,55(3),511-515.

Sun,J.,Li,H.,Huang,Q. H. and He,K. Y.,2014,"Predicting Financial Distress and Corporate Failure: A Review from the State-of-the-art Definitions,Modeling, Sampling,and Featuring Approaches",Knowledge-Based Systems,57,41-56.

Turetsky,H. F. and McEwen,R. A.,2001,"An Empirical Investigation of Firm Longevity: A Model of the Ex-ante Predictors of Financial Distress",Review of Quantitative Finance and Accounting,16(4),323-343.

Tinoco,M. H. and Wilson,N.,2013,"Financial Distress and Bankruptcy Prediction Among Listed Companies Using Accounting,Market and Macroeconomic Variables",International Review of Financial Analysis,30,394-419.

Wruck,K. H.,2004,"Financial Distress,Reorganization,and Organizational Efficiency", Journal of Financial Economics,27(2),419-444.

Yin,R. K.,1989,"The Abridged Version of Case Study Research: Design and Method", CA: Sage Publications.

Zmijewski,M. E.,1984,"Methodological Issues Related to the Estimation of Financial Distress Prediction Models",Journal of Accounting Research,22,59-82.

附录A 沈阳机床现金流覆盖刚兑水平的测算过程

A.1 对沈阳机床经营活动确定性的判断

沈阳机床的三类业务，即原有非i5机床业务、创新i5机床业务和其他业务；其他业务主要包括一些普通钻床、镗床、车床的销售和配套服务。通过与受访者的沟通，沈阳机床的其他业务规模小、分散、不稳定，其现金流应当被划分为不确定的经营活动现金流。这也能从企业年报中的分部收入成本看出，其他业务的收入是非常不稳定的，且占总营业收入规模小。

对于原有非i5机床业务，受访的沈阳机床董事长表示："那时候已经发现低端市场不可持续了。我们的传统机床在国际市场上就是低端、便宜的代名词。我们毫无讨价还价的余地，即使是花大价钱上门去买设备，设备供应商还只给我们10分钟考虑。销售上，我们没有创新，没有自主品牌，没有市场话语权，只能够参与价格战，没有定价权，更别说参与制定国际行业标准。"那时沈阳机床的高管已经认知且认同原有业务已经走上了下行期，严格意义上并不能算作确定业务。但考虑沈阳机床已有订单关系和国内市场地位，可以评估一个保守的业务衰退速度，估计一个稳健的现金流入，作为不确定业务的部分保守、确定的现金流。经过讨论协商，受访者和作者同意，以原有业务规模过去三年的年变化率和−10%进行比较，四者中的最低者作为未来五年的保守预期收入变化率。作者接着基于预测时点当年的利润、现金流特征对这部分确定的原有业务现金流进行预测。

而对于创新i5机床业务，受访者表示主要的业务模式有两种，包括直接销售模式和经营租赁模式。销售模式下，2014年刚刚投产，2015年、2016年尚处于拓展市场的阶段，并没有稳定的销售能力，未形成确定的未来现金流预期；而2017年以后，企业顺次出现了股票因为连续亏损而被"特殊处理"、信用评级下调、债券违约等问题，不利于i5机床的顺利销售。所以，由始至终就没有形成稳定的销售模式现金流预期。

而经营租赁模式是从2016年开始开展的，2016年虽然没有形成租赁模式的现金流入，但是完成了31家公司的签单，一共有大约6000台机器在2017年会获得每台、每年5万元的租金收入，因此在2016年年底可以预期至少2017年及以后每年会有约3.27亿元的租金收入。到了2017年，又新增了43家公司，所以2017年当年的租金收入约为3.27亿元，并会在2018年及以后获得确定的每年7.81亿元的租金现金流入。到2018年，沈阳机床的高管团队的主要精力都放在解决企业的资金问题上，并未形成新的租赁订单，因此2018年租赁模式现金流预期保持2017年水平。

A.2　以2014年年末测算沈阳机床现金流覆盖刚兑水平为例

2014年沈阳机床i5业务刚刚投产，年度报告中机床业务的分部盈利主要由普通传统机床业务产生。2014年传统业务产生20.71亿元收入，贡献了13.71亿元毛利，i5业务仅产生0.2亿元收入，贡献不足0.15亿元毛利。根据2014年年报，可以利用标准的自由现金流公式，按业务收入占总营收比调整出传统机床业务的经营活动现金净流入约为43.21亿元，而i5业务通过销售模式产生了约0.47亿元的经营活动现金净流入(现金净流入高于毛利主要是由于营运资本变动和净资本支出科目的调整)。

接着考虑站在2014年年底对未来五年的确定性经营活动现金净流入进行预期。经过与受访者的沟通，虽然传统业务有所下滑，但仍可按照约－10%的增长率(过去三年的业务增长率为－24%、－5%和6%，考虑2012年行业政策调控的特殊性，研究团队和受访高管讨论后决定以－10%作为未来负增长预期)对未来五年传统业务营业收入增长进行保守的估计，并据此调整出传统业务的经营活动现金净流入，如表A-1所示。

表A-1　沈阳机床2014年年底财务危机过程预警框架(单位：亿元)

项　目	A2014	F2015	F2016	F2017	F2018	F2019
原有非i5业务贡献净流入	43.21	38.89	35.00	31.50	28.35	25.52
i5销售模式	0.47	0.00	0.00	0.00	0.00	0.00
i5租赁模式	0.00	0.00	0.00	0.00	0.00	0.00
创新i5业务贡献净流入	0.47	0.00	0.00	0.00	0.00	0.00
确定性经营现金净流入		38.89	35.00	31.50	28.35	25.52
确定性经营现金净流入的现值	142.23	(折现率＝4.2%)				

续表

项　　目	A2014	F2015	F2016	F2017	F2018	F2019
确定性资产处置现金流入	0.06					
确定性融资现金流入	3.83					
确定性现金净流入规模	146.12					
金融负债规模	110.44					
或有金融负债规模	5.00					
刚性兑付现金流入现值(近似)	115.44					
确定性现金流覆盖刚兑水平	30.68					
是否存在短期财务危机	否					

而对于创新 i5 业务，受访者回忆，站在 2014 年年底，i5 机床刚刚投产，无法形成稳定的销售现金流入的预期，且并未签订稳定的设备租赁合约，也没有确定的租赁现金流入，因此 i5 业务的未来确定性经营活动现金净流入预期为 0。事实上，i5 机床自投产以来，始终未能形成稳定的销售模式，因此一直没能构成销售活动确定性现金净流入。不过，2016 年、2017 年，i5 机床通过租赁模式签订了多个园区的租赁订单，因此从 2016 年开始，i5 业务租赁模式能够贡献确定性经营活动现金净流入，可参见表 3-9。

2014 年沈阳机床的长期借款利息率为 4.2%，以此为折现率，将传统业务的未来五年确定性经营活动现金净流入折现后，可以获得约 142.23 亿元的确定性经营活动现金净流入的现值。

确定性资产处置现金流入方面，2014 年年底，沈阳机床尚处于激进扩张阶段，地方政府对沈阳机床提出了规模增长的要求，因此多数资产无法随意处置，只有 0.06 亿元的可供出售金融资产可以作为确定性资产处置现金流入。

确定性再融资现金流入方面，主要包括三个来源。其一是沈阳机床获得的银行授信额度共计 63.79 亿元。但考虑银行授信借款一旦形成现金流入，会同时提高刚性兑付的现金流入，因此不计入确定性再融资现金流入中。类似地，沈阳机床母公司股权质押借款一般按银行募资用途监管的要求，会通过大股东借款的形式注入上市主体，因此也不作为确定性再融资现金流入来源。不过，在考虑短期财务危机预警时，债务融资可以作为现金流入补充流动性，相当于变相推迟了刚性兑付的到期，对短期财务危机预警是有意义的。沈阳机床母公司沈阳机床集团持有沈阳股份上市主体股份，参考银行的股权质押标准，按照 2014 年全年最低股价的 70%，母公司可以通过股权质押提供大股东借款共计 10.18 亿元，只在进行短期财务危机预警时，也可和银行授信借款一样，作为确定性再融资现金流入。

其二是审批通过的增发，由于持续的扣非净利润为负，根据《上市公司证券管理办法》，沈阳机床的增发因持续亏损无法实现增发再融资。

其三是大股东的确定性再融资能力。沈阳机床的母公司沈阳机床集团于 2014 年年底持有货币资金、金融资产共计 5.89 亿元(沈阳机床集团母公司报表，而非合并公司报表)，考虑集团公司持有多家业务公司，沈阳机床可以获得母公司按合并报表资产规模占比份额的现金投资额度为 3.83 亿元。

因此沈阳机床的三项确定性现金流入共计 146.12 亿元。而沈阳机床资产负债表显示，其融资性负债规模共计 110.44 亿元，另有承担连带担保责任的融资租赁，相当于另承担或有负债 5 亿元，共计刚性兑付现金流出义务为 115.44 亿元。所以 2014 年年底，沈阳机床的财务稳健程度或确定性现金流覆盖刚性兑付水平为 30.68 亿元，不被预警财务危机。

此外，还可对沈阳机床进行短期的财务危机预警。此时，仅考虑 2015 年内的现金流。2015 年能产生确定性经营活动现金净流入 38.89 亿元，在 2014 年的折现价值为 37.32 亿元。确定性资产处置现金流入仍为 0.06 亿元。而确定性再融资来源除了母公司货币资金和金融资产 3.83 亿元外，还包括共计 73.97 亿元的银行授信和大股东股权质押借款现金流入，构成 77.80 亿元的确定性再融资现金流入。2014 年年底，短期内沈阳机床的确定性现金流入总额为 115.18 亿元，而短期内的刚性兑付现金流出义务共计 87.64 亿元，因此短期财务稳健程度为 27.54 亿元，不被短期预警财务危机。

附录B　确定性资产处置现金流入包含的科目

附录B说明截至2022年3月的DCFB模型确定性资产处置现金流入的构成科目。除项目的稳定性现金流外，企业所持有的各项非经营性资产同样能为企业提供确定性现金流来源。然而，部分非经营性资产存在交易摩擦或变现困难，无法按账面转换为现金流。部分资产即便易于变现，但由于其价值高度不确定，所提供的确定性资产处置现金流入规模仍需调整。为此，作者基于多家银行资产评估、抵押经验和政策，将依据资产可处置性、价值确定性对非经营性资产进行细分，对各类资产的变现价值进行调整，计算其可提供的确定性资产处置现金流入。具体参见表B-1。

表B-1　非经营性资产调整

非经营性资产类别	资产子类	可处置性	价值确定性	调整措施
现金及现金等价物	存款、大额存单、贵金属	高	高	无
高信用债券	国债、地方债、境外AA^{-}级以上国家或地区政府债券	高	高	无
企业债券、上市公司流通股	企业债券、上市公司流通股	高	低	调整为52周内最低价值
非上市公司股份	非上市公司股份	低	低	不提供负债能力
各类收益权	基础设施收费权、电源收费权、其他特许经营收费权	中	中	调整为未来收益折现的七成
不动产	商业用房、工业厂房、土地使用权	低	高	无
动产	交通运输工具、机器设备、各类存货	中	低	调整为账面价值的一半
知识产权	商标使用权、专利权、著作权	低	中	仅考虑具有成熟市场、可处置的知识产权

需要指出的是，最优的资产处置现金流入的度量本应基于资产的市值。可惜在企业的资产负债表中，只有金融资产以市场公允价值记录，其他资产均以账面价值记录，无法获知其资产处置的现金流入规模。本书只能以账面资产价值折价计算。5.5 节的加入信息参数后的财务危机预警模型可部分弥补此缺憾。

此外，表 B-1 列示的是企业正常经营情景下的资产处置或变现保守估计情况。如在极端情况下，企业需被迫折价出售资产，基于作者对几家资产管理公司的调研，陷入财务困境的企业资产抵押获得救济借款的折价程度一般会按两折处理。本书短期极端情况的财务危机过程预警，借鉴此比例进行确定性资产处置现金流入的估计。

后　　记

回首过去七年，我的导师朱武祥教授是我研究和人生路上的明灯。如果说清华经管学院告诉我要“经世济民”，朱老师才是让这四个字变得生动起来的人。朱老师身上有种侠气，心怀天下，为国为民，以提炼和传播商业智慧为己任；他有“大智慧”，其思想往往能一针见血，一叶知秋；他很“纯粹”，看上去自由散漫，却是经过追问、思考和权衡后专注于最重要的事情。博士研究生阶段的跋山涉水磨炼了我的意志和品格，在此过程中，朱老师的一言一行都深刻地影响了我。朱老师曾赞许我能八年(我从本科起便跟随朱老师调研)专注于案例调研和学术研究，其实是因为他这座灯塔是那么明亮，能一直引导我航行。博士研究生毕业的我成长为我自己满意的样子，胸襟开阔、有使命感、有案例研究能力、有财务危机研究优势、有不断追问现象的好奇和勇气。感谢恩师。

特别感谢我的亲友。我的母亲在我没有形成独立人格时，在我每个人生重要节点都做出最佳选择，我能来到清华、遇到朱老师、成为现在的我，全是她不辞辛苦，为我“计深远”的结果。我的家人，包括我的外婆、舅舅，张弛的父母亲友，尤其是张弛，都给予我莫大的支持，从未有人催促我去争取高的经济收益，大家都鼓励我继续顺其自然、踏踏实实地做我喜欢的研究。我的岁月静好全然依赖大家为我负重前行。

感谢我的同门小伙伴，我们在朱老师的带领下互相帮助、共同进步。

我在清华园中度过了我学生阶段的十一年，光阴荏苒，感谢母校的培养。希望我能不负享受的社会资源，为拓展人类知识边界和提高世界运行效率做出微末的贡献。

2023 年 11 月

在学期间完成的相关学术成果

[1] 谭智佳、张启路、朱武祥、李浩然：《从金融向实体：流动性风险的微观传染机制与防范手段——基于中小企业融资担保行业的多案例研究》,《管理世界》,2022 年第 3 期。

[2] 谭智佳、魏炜、朱武祥：《商业生态系统的构建与价值创造——小米智能硬件生态链案例分析》,《管理评论》,2019 年第 7 期。

[3] 谭智佳、魏炜、朱武祥：《商业模式升级与持续发展：麦当劳案例》,《管理评论》,2016 年第 2 期。

[4] 朱武祥、张启路、江雪颖、谭智佳：《数据与智能科技破解农村金融难题　网商银行农村金融产品演进与“大山雀”项目的产生及迭代》,《数据》,2021 年第 12 期。